管理研究方法丛书
Research Methods

案例学习指南

（第2版）(REVISED EDITION)

◎ 威廉·埃利特（William Ellet） 著
◎ 刘 刚 殷建瓴 钱 成 译

The Case Study Handbook: A Student's Guide

中国人民大学出版社
·北 京·

图书在版编目（CIP）数据

案例学习指南：第2版/（美）威廉·埃利特著；刘刚，殷建瓴，钱成译．-- 北京：中国人民大学出版社，2020.11

（管理研究方法丛书）

ISBN 978-7-300-28605-1

Ⅰ.①案… Ⅱ.①威… ②刘… ③殷… ④钱… Ⅲ.①企业管理-案例-指南 Ⅳ.①F272-62

中国版本图书馆CIP数据核字（2020）第195348号

管理研究方法丛书

案例学习指南（第2版）

威廉·埃利特 著

刘 刚 殷建瓴 钱 成 译

Anli Xuexi Zhinan

出版发行	中国人民大学出版社		
社　　址	北京中关村大街31号	**邮政编码**	100080
电　　话	010－62511242（总编室）		010－62511770（质管部）
	010－82501766（邮购部）		010－62514148（门市部）
	010－62515195（发行公司）		010－62515275（盗版举报）
网　　址	http://www.crup.com.cn		
经　　销	新华书店		
印　　刷	固安县铭成印刷有限公司		
开　　本	787 mm×1092 mm　1/16	**版　　次**	2020年11月第1版
印　　张	15 插页2	**印　　次**	2023年5月第2次印刷
字　　数	198 000	**定　　价**	59.00元

前 言 Preface

你是第一次接触案例教学法的学生吗？你是否觉得从案例中学到的没有预想的那么多？如果你属于以上两种情况的任何一种，那么这本书就是为你而写的。

《案例学习指南》基于此前我在商学院工作 16 年的教学经验编写而成，这一全新版本是对它的更新和修正，并总结和提炼了我过去 10 年的工作心得。写作这本书的目的源于我工作中的困扰：起初我为哈佛商学院的 MBA 学生提供案例考试写作指导。我向他们提出一些我认为正确的写作建议，例如要遵循具有逻辑性的写作结构、保持文章内容精练等。这些建议本无错误，事实上，时至今日我仍在给出此类建议，但其并未如我所预期的那样提升学生的考试写作质量。

后来，我发现我并未完全了解学生所遇到的问题。首先，这些建议的出发点存在偏误。我假设学生清楚如何分析给定内容的案例，而实际上，大部分学生面对案例不知所措，这一不确定性限制了学生对案例分析的深度和质量。

其次，案例考试通常要求学生根据案例的核心内容选择某个立场。尽管许多学生具有选择立场、发表观点的能力，但他们并不清楚除此之外还需要做些什么。一般来说，学生需要在文章中列举与其立场有关的案例事实，并帮助读者理清立场与案例事实之间的内在联系。我原先以为学生清楚如何对其立场观点进行论证。

以上两个问题的出现无关学生聪明与否，他们也不应因此遭受责备，因为没有人告诉他们应该如何解决这些问题。学生通常需要自己弄清如何分析案例，而结果往往需要依靠运气和概率，即一部分人成功理解案例，而一部分人无法参透案例的核心内容。理解案例是一个十分重要的过程，如果让运气和概率决定学生能否分析案例，就不能达到教学效果。学生，即读者，只有在理解什么是案例，以及如何分析案例的前提下，才能充分享受案例教学法带来的丰富学习成果。同样的道理也适用于如何提出有论据支持的论文观点。

对大部分学生而言，另一个因案例教学法所导致的问题出现在案例的课堂讨论环节。学生不知道课堂讨论的目的及其在讨论中所扮演的角色，这主要是受其教育背景所限。学生更加习惯于讲座教学法，并且十分擅长倾听和记录，这导致其难以适应以回答问题、相互学习为核心的案例教学法。

在案例教学法中，学生所扮演的角色有三个关键性方面，即分析、讨论和论证，但这三个方面经常被忽视。案例教学法常常以老师的立场角度作为出发点，而忽视学生的关键作用。出于教学目的，老师往往更加关心学生对案例分析的讨论和在观点论证方面的熟练程度。然而，在案例教学中，学生（而非老师）所了解、学习的内容才是重中之重。

我并非在指责老师，他们是自身研究领域的专家，而学校的奖励机制也倾向于对其学术成果，即他们了解的知识（而非教学成果）的传递过程进行激励。事实上，教授学生如何分析案例和进行论证是商业组织或学校职责之外的事情，你也无法在企业中找到单独的案例分析部门。

本书填补了上述我所描述的传统商学院课程空白（本书也与其他使用案例的学科紧密相关，如医学、护理学和工程学）。其提供了：

- 帮助整理、组织和反映案例内容的分析工具，并更有效地使用了商学院课程中所教授的概念和框架。
- 参与课堂讨论并发挥积极贡献的建议。
- 针对案例发表观点、进行论证，并以具有逻辑性、清晰、简洁的方式进行写作的指导。

质疑本书所提出的建议的实际效果是合乎情理的。它是否值得你花时间去阅读？以下是我的回答：在《案例学习指南》出版的十余年后，包括我在内的一些写作指导老师，开始使用《案例学习指南》作为哈佛数百名MBA学生的基础教材。我们将学生的成绩作为衡量指标，发现几乎所有学生在案例分析能力和写作能力上都有显著提升。我在布兰代斯大学、乔治·华盛顿大学和迈阿密大学也得到了类似的教学结果。

我所教的第一代学生中有一个便是最好的例子。他随他的家庭在幼年时来到美国。在哈佛商学院的第一年，他的成绩并不理想，这使他十分沮丧。随后，他运用本书中的诸多概念，提升了对如何进行案例分析和观点论证的理解。不出所料，第二年，他在所有课程中均取得了好成绩，与第一年的情况完全不同。他在学业上取得的进步主要源于勤奋，但他认为本书的概念、知识也对其更好地参与课堂讨论和进行考试有所帮助。

本书使用哈佛商学院的案例进行分析，但请不要认为本书的分析是这些案例的正确答案，一些案例的论据也可以支持其他结论。本书也涵盖了关于案例的分析论文，这些来自 MBA 学生的考试论文是在规定时间内完成的，学生面对时间压力，自然会出现错误、语句不清、逻辑混乱等问题，这些问题不可避免。我曾思考究竟是将考试论文原封不动、原汁原味地呈现，还是对其进行修改、订正。我选择了后者。不存在完美的考试论文，我也不想建立一个学生触不可及的完美写作标准，但我想用不会造成歧义的例子支撑本书的观点，以告知读者关于案例教学法的对错是非。

本书为你——现在正在或未来即将接触案例教学法的学生而写。我希望本书可以帮助你提升案例学习的效果，并将这一益处分享给与你学习相关的人——你的同学、同事、老师、雇员或社团。

目 录 Contents

第Ⅰ篇 案例分析

第Ⅱ篇 案例讨论

第Ⅲ篇 案例写作

第Ⅳ篇 相关案例

第Ⅴ篇　学习指南

第 I 篇　案例分析

Analyzing Cases

第 1 章

什么是案例教学法，在案例中你可以获得什么

每年，众多来自不同领域的学生进入商学院学习，都会面对一种全新的学习方法——案例教学法。你可能是他们中的一员。对初学者而言，首次接触案例时可能会感到迷惑和畏惧。一个案例的内容看起来直截了当，但当你完成阅读后，可能会心生疑问：

- 这个案例试图表达什么？
- 这个案例是否真的表达了什么？
- 我现在应该怎么做？

假设你阅读了一个关于连锁餐馆的案例，在案例的末尾，CEO 在脑海中思考关于经营的基本问题，他针对此问题提出了一些可能的解决方案，但案例并未告知我们 CEO 最为认同哪一个方案。在另一个案例中，一个年轻的 MBA 学生在偶然情况下得知了一种可能危及很多人（包括她自己）并导致严重后果的职场行为，她为此感到十分头疼，而她最终的选择却是该案例的悬念。

在课堂中，老师推动案例讨论进行、提出许多问题、在黑板上记录发言，并随时跟进点评。学生回答问题、延伸他人观点，或发表不同意见、提出疑问，并试图找出不同的案例情境分析视角。案例课堂是变幻莫测的，讨论随时可能进入死胡同，但也随时可能调转方向，朝着能够使所有参与者获益的方向前进。有时讨论也可能“陷入泥潭”，学生们会针对案例的主要内容发表相互冲突、对立的意见，而老师作为案例课堂

中的专家并不会介入讨论，或是以通过宣布“正确答案”的方式终止争论。为什么老师不做应做的事呢？

实际上，老师正在做的就是本职工作。在案例课堂中，你有权利坚持你的观点。在你用案例事实（包括可用的数字等）、基于事实的推论以及计算支持自己的观点的情况下，你可以不必顺从老师或其他同学的观点。为了帮助学生培养思考能力，老师不会给出案例的正确答案。你必须学会如何思考，这也是老师无法替你完成的。在这一过程中，你会获得令人满足且有趣的启发和理解，当然也会犯下令人沮丧的错误。

考试中的案例分析写作也是你面临的一大挑战。在课堂中，所有人（包括老师）都在讨论中协作，而在考试中，你只能依靠自己。你不仅需要进行案例分析，回答一个或多个问题，并且需要在有限时间内写出一篇具有说服力、使阅卷老师满意的文章。

1.1 在案例中你可以获得什么

迄今为止，你所接受的教育可能大多以讲座教学法为主，其在世界范围内被广泛使用。讲座教学法之所以受到欢迎，是因为它是一种以一对多的形式传递专家观点的有效途径。用形象的词语来描述，这种教学方式像是智者的“独角戏”。通过结合教材，即纸质的授课文本，这一学习模式可以在短时间内向众多学生传递大量信息。与此同时，学生的学习成果通常可以用选择题、简答题或习题集有效测试、衡量。

讲座教学法有利于信息的传递，在这一前提下，它是十分高效的（尽管我们对学生能记住多少讲座中的信息充满疑问）。然而，如同所有教学模式一样，它在被单独使用时会出现一定的局限性。关键之处在于，讲座教学法虽然可以告诉你“思考什么”，却无法回答“如何思考”的问题，其教学内容（现场教学材料或通过如互联网、教材或其他类似读物的媒介）提供了理论、框架、概念、事实、方程和专家关于某一事物的观点，这些都聚焦于“思考什么”这一问题。

但是，在现实世界中，如商业、工程、医药领域，仅仅知道“思考什么”并不够，你必须了解如何在现实世界中运用相关知识。正因如此，你需要在与未来所可能面对的现实局面相似的情境下不断练习。

以下的例子就区分了“思考什么”和“如何思考”的问题。假设你从一所足球大学毕业，你已经上过有关规则、技能和策略的课程，阅读了教材，参加了讲座，观看了视频，也听过职业球员的讲解，然而，你从未在足球场上学以致用。在这种情况下，很显然你并不知道如何踢球。

与此类似，假设你是一名 MBA 学生，上过一门使用讲座教学法的会计课，并阅读了指定的教科书。而你所上过的其他课程也没有使用过案例教学法或其他主动学习方法。你的第一份工作就要对公司的会计系统进行评估，虽然在学校里，你曾经学习了不同种类的会计系统，但是从未在实践中独自分析一个会计系统及其与公司的匹配程度，因此不知道应该采用何种分析标准。毫无疑问，你可以向你的老板寻求帮助，但恐怕他会质疑公司雇用你的必要性。

有一个领域始终同时关注“思考什么”和“如何思考”的重要问题。医学院教授学生广泛的知识（“思考什么”的问题），但是，仅仅告诉学生药品的使用原理却不训练他们的治疗技能就放任他们去救治患者是不可想象的。医学院要求门诊训练，即让学生将所学知识在有经验的医师监督下运用到真实患者身上（“如何思考”的问题）。在学生毕业后，这一训练将通过门诊实习和专科实习的方式不断持续。

引人深思的是，强调实践导向的学术领域在教授知识时通常很少或几乎不强调将知识转化为实践。这些知识需要被练习和运用，然而在讲座教学法中，学生并未得到这些机会。与之相反，在案例教学法中，你需要利用所学知识给出自己的答案（在专家的指导下），这一教学方法容忍主观错误或怀疑的出现，因为这是学习的一部分。案例教学法允许你犯错误，并在错误中学习。

这一学习模式的转变致使许多学生感到迷惑、不解甚至焦虑。但是老师使用案例教学法的目的是保证学生的最终学习效果，他们希望给你练习所学知识的机会。毕竟，在工作中，你的老师不会突然出现并告诉你正确的答案，你的老板也不会，因为老板雇用你就是为了让你找出正确答案。

1.2 案例教学法的技巧

MBA学生曾经告诉我，他们觉得案例教学法中有秘密，一部分人了解这一秘密，而另一部分人不了解。如果你发现了这一秘密，你的学习效果会很好；如果你没有发现，你应尽全力去探索。

用好案例教学法的要求很高，但我们并不处在一个掌握了秘密就可以超越其他人并因此获利的社会。作为一名学习案例的学生，你需要同时具备以下三种不同的技能组合：

- 能够阅读案例，并且对你被要求回答的问题或关键信息给予诠释。
- 能够在课堂讨论中有效表达你的想法。
- 能够针对案例问题进行有说服性的写作回应。

案例阅读、讨论和写作都涉及将知识运用到案例所描述的情境中。什么是知识？它包括你的工作经验和在课堂中所学的知识，例如会计学原理、市场营销的5C模型、波特五力模型等。

本书解决了以上三方面的案例学习问题。案例教学法首先需要阅读案例，提出问题，寻找与问题相关的信息，做出推理和计算，并且形成针对案例问题的观点或结论。有关案例阅读的技能是本书第Ⅰ篇所关注的。在课堂中，案例教学法的关键在于与同学和老师分享观点，并从合作中学习。有关案例讨论的技能是本书第Ⅱ篇所关注的。你可能需要在课堂作业或案例考试中进行写作，有关写作的技能是本书第Ⅲ篇所关注的。在本书第Ⅳ篇中，将会提供三个案例作为分析和写作的示例。而本书第Ⅴ篇则是为课堂讨论和考试论文所做的笔记学习指南。

第2章 什么是案例

你阅读过案例吗？如果没有，本书第Ⅳ篇有三个案例供你选择，阅读完一个案例后再来阅读本章，你会获益更多。请仔细阅读案例的第一部分，然后粗略阅读后面的部分，以对案例所讲的故事有初步的把握。

在日常生活中，为了便于理解，你阅读的大部分内容都是经过压缩的。报纸、杂志、电视、互联网资源（例如脸书）以及学术论文中的内容，旨在向你传递相关信息，如果做不到这一点，其传递信息的功效就丧失了。例如，在报纸的一篇专栏文章中，第一段通常用于陈述主题，后面的段落则会通过举例的方式解释和充实要点内容。

以下是史蒂文·博斯坦因在《华盛顿邮报》中所撰写的专栏的前两段：

> 在近代管理思想史中，很少有观点能够像“企业应该把股东利益最大化作为行动指南”一样产生有害且深远的影响。
>
> 实际上，你可以认为美国近年来大部分的经济问题如经济增长缓慢，不平等问题加剧，丑闻反复出现，研发投入、工人培训和大众商品的不足，都源于这一思维观念。①

---

① Steven Pearlstein, “Businesses’ Focus on Maximizing Shareholder Value Has Numerous Costs,” *Washington Post*, September 6, 2003.

读完这两段后，你就大致了解了这篇文章所讲的话题，也会对文章的剩余内容有所预期——文章将会详细阐述“股东利益最大化”这一行动指南是如何导致严重的经济问题的。

你可能已经部分或完整地阅读了几百本教科书，教科书连同讲座，成了大学教育的基石。这两者在学习有助于理解现实世界的观点时已被证明大有裨益。例如，在企业战略规划课程中，全世界的学生都会学习波特的五力模型。这一理论框架有助于理解影响行业竞争力的经济因素，从而帮助你了解构成企业战略基础的各要素，以及企业如何管理和调配它们。理论和框架可以帮助你理解现实生活中的具体情境，没有它们，你将难以解释或预测企业的突然成功或企业价值的突然减少等事件。知识以编码的形式融入概念和理论之中，通过学术范式在课堂中传递，其对于理解现实世界是不可或缺的。

与此同时，教育类的文本所呈现出的现实世界是具有逻辑性和连贯性的。它们可以让震惊所有人（包括专家）并影响全世界数百万人的复杂情境看起来像是具有明确因果逻辑关系的结果。2007 至 2008 年在美国发生并波及全世界的金融危机就是一个例子，几乎没有人预测到它的到来，在其发生时，金融专家、金融从业者、政府监管者、政治家、记者和受害者们无不感到震惊。但是随后，专家们便发现了他们所认为的、不可阻挡地导致这一灾难的原因。

我们可以从对过去事件的学习中获益良多。然而，在现实世界中，大量的可利用信息以及观察和参照点被人们认为是易变、混乱、充满不确定性且难以理解的。现实情境往往不会向你明确传递经过仔细筛选且被分类好的信息，不会告知你究竟发生了什么，以及身在其中时应该怎么做。

为了锻炼在现实情境中运用知识的能力，你必须充分利用案例的事实证据，接受案例中体现的主宰现实的易变性与不确定性。这就是案例学习的目的。

2.1 什么是案例，它能做什么，不能做什么

一个商业案例可以复制或模拟现实情境，这里的案例指的是来自高校或企业的长篇幅研究，而非教科书中的简短例子。案例也可以是文章、多媒体内容和其他各种类型的内容集合。它们是现实世界的文字化表现，有时也会借助视听辅助，使你成为情境中的参与者。案例关注的主题差异万千，从个体到组织再到国家均会涉及。纸质案例的长度在 1～50 页之间，有时甚至更多，内容的巨细也各不相同。但是，所有样式各异的案例都有一个共同的目的，即反映现实以表达一个现实情境，其中包含同时发生的相关事件和对于事件界限的大致描述。

案例是现实的模拟，你可以将其理解为现实的替代品。通过学习案例，你可以获得从事商业或其他类型活动的直接经验。案例可以模仿现实，使你沉浸在确定和不确定性之中。为了发挥上述功能，一个案例必须具备以下四个特征：

- 聚焦一个或多个关键商业问题。
- 提供解决问题、得出结论的充足信息。
- 不存在客观结论，换言之，不存在正确答案。
- 提倡不遵循具有逻辑性的结构内容。

以下内容将详细探讨这些特征。

2.1.1 聚焦一个或多个关键商业问题

如果一个案例不聚焦关键问题，那么就毫无教育意义。因此，你可以假设所有案例都在解决现实中的重要问题。例如，定价困境、债务资产权衡或工厂中出现的其他主要问题等。

2.1.2 提供解决问题、得出结论的充足信息

一个案例必须提供与主要问题相关的充足事实证据，以保证可以得

出有证据支持的相关结论。信息不足会导致读者进行猜测，案例就会因无法进行价值判断和评估而失去教育意义。与现实一样，案例中很有可能包括自相矛盾的信息。

案例也会涵盖旨在干扰你，使你难以区分有效信息的噪声信息，这对于案例学习新手而言十分棘手。教科书和论文中提供的信息往往都与主题相关，而案例则大为不同，因为现实情境的一大特征就是存在噪声信息。如今，我们生活在信息的世界之中，案例学习可以提供至关重要的取决于价值和主题的相关性过滤信息的练习。

2.1.3 不存在客观结论，换言之，不存在正确答案

案例通常描述了人们产生不同意见的情况，但这些情况中所包含的信息并非全部都与某一特定结论一致。案例中的人物可能会表达激进观点，但你需要在考虑他们的观点的同时关注其他人物和信息。作为读者，你需要设身处地地得出案例的结论。

2.1.4 提倡不遵循逻辑性的结构内容

案例看起来具有逻辑结构，包含开篇、主副标题和结论，其经常呈现出如同教科书或论文一样规整的行文结构，标题和副标题将案例内容切割成几部分。然而，商业案例一般不遵循线性逻辑，即内容并不一定以最具有逻辑性的形式呈现，关于一个主题的信息散布于案例的各个不同部分。案例展示的设计方式常常使得获得高价值信息变得困难，而且信息间的差异较大。

2.2 教科书与案例

正因为你已有多年阅读教科书的经历，所以让我们来探讨一下教科书与案例的区别（如图表 2－1 所示）。这一比较能告诉你为何要调整自己已经掌握的阅读方式。

图表 2-1　教科书与案例的区别

教科书	案例
呈现原则和结论	只呈现信息，没有原则和结论
解释概念的含义和重要性	要求读者解释案例
具有逻辑性行文结构	具有“有预谋的混乱性”

如你所见，教科书和案例代表了完全不同的阅读模式。教科书的写作目的是传递知识，其中包括一个领域内的专家所接受的原则和结论。教科书的行文结构是具有逻辑性的，从基础概念开始，复杂度不断升级，直至更高级的概念。阅读教科书所需的主要技能是记忆知识。

案例提供信息，并且不给出与信息相关的结论。在读者对这些信息有自己的价值判断前，信息在字面上是无意义的。如前文所述，案例看起来遵循一定的行文逻辑，但实际上不是。关于同一话题的信息散布在案例的各个角落。案例的这些特征让你必须成为积极的阅读者，必须拿起记号笔，在大段的文字下勾画，即使你不知道这些信息重要与否。当你第一遍读案例时，用记号笔在纸上勾画让你感觉你正在做有用的事，但实际上这是种错觉。

在案例学习中，你需要改变你的阅读习惯，最终改变思维习惯。案例如同拼图，每一块的排列方式都令人迷惑。你需要将这些碎片收集起来，并把它们拼凑成一个可以帮助你理解主要内容并思考最优解决途径的形状。你需要适应不完整的信息和无法减弱的不确定性，还需要过滤无关紧要或并不相关的噪声信息。你需要关注能够使你以有意义的形式拼凑碎片的关键任务，从而提升你对主题的理解，并提高你的站位，使你能够提出具有影响力的结论。

基于在哈佛商学院和其他机构教授如何阅读和分析案例并从学习中获益的 25 年教学经验，我发现了使案例学习有意义的技能：

- 识别案例所需解决的主要问题和最有效的调查这一问题的途径。
- 积极阅读案例，并为案例分析提供基础。
- 遵循案例分析的途径，以得出关于主要问题的有证据支持的结论。

第 3 章

阅读和分析案例所需的技能

正如上一章所提到的，案例的直观行文通常不会为读者提供很多阅读指引。相关信息分散在各部分内，而每部分的标题不一定能帮助你辨别信息的重要性。信息散落在案例的各部分，而数据也需要你自行计算，这就好像一片片零散的拼图，必须以一定形式拼接起来才有意义。

成千上万的案例在一定程度上都有其独特性，没有哪两个案例完全相同。但是，案例所具有的相似性可以帮助你学习它们。大部分案例描述了以下三种情境中的一种：

- 做出关键性决策，并说服案例中的其他角色接受。
- 进行有关案例主体的深度评估，确定支持或反对的意见，并列出相关优势或劣势。
- 进行深度问题诊断，寻找案例所描述的问题根源。

之所以以上这些情境在案例中反复出现是合乎常理的，是因为案例关注的是在现实生活中发生的事情。在商业世界中，这些情境确实反复出现。为了解案例信息，我们需要学会一种思维方式，培养关于识别案例核心情境类别的技能。这解决了案例学习中的最大问题之一：如何有价值地收集和呈现案例信息。这是理解案例所需的第一个技能，并且也是学习其他技能的基础。

下文分别阐述了三个核心案例情境，并解释了如何在所阅读的案例中识别它们。

3.1 决策

请阅读《通用汽车：帕卡德电气公司》这一案例的前两段，然后回到这一页。

你注意到在第二段的一句话了吗？

> 在帕卡德电气是否应该将 RIM 护线环运用于 1992 年车型的问题上，对新产品开发过程负最终责任的产品、流程、可靠性委员会想要听听施拉姆的分析和建议。

施拉姆，作为案例的主要角色，必须做出一个关于是否使用新设计的汽车零件的决策。商业案例通常围绕着一个直接的决策陈述展开，这并不令人感到奇怪，因为任何企业的核心功能都是进行决策，否则的话，企业将没有存在的意义。

如何辨别决策情境

通常情况下，之所以决策情境容易辨别，是因为决策陈述经常出现在案例的第一部分。如果“决策”一词没有被使用，请不要惊讶。在《通用汽车：帕卡德电气公司》中，“决策”一词就没怎么出现。但是如果你知道寻找的是什么的话，“在帕卡德电气是否应该将 RIM 护线环运用于 1992 年车型的问题上”就告诉你主要角色需要做出关于是否使用 RIM 护线环（一个新研发的汽车零件）的决策并将其呈现于公司委员会。

一个最快识别案例核心情境的方式就是提问：主要人物要做什么(即他最重要的任务是什么)？在《通用汽车：帕卡德电气公司》中，施拉姆需要找到最好的决策方案。另一种识别方式是提问导致案例问题出现的主要不确定性是什么。对于施拉姆而言，就是应如何处理 RIM 护线环。

得知了案例围绕决策展开意味着你可以使用简单的框架进行分析，

第4章将会详细呈现这一框架。

3.2 评估

一个以评估作为核心的案例所描绘的情境是：在做出或落实决策前，个人、部门、企业、国家、战略或政策需要被更为深入地分析和理解。以下是一个案例的第二段内容：

> 由于在鲜花运送环节中引入全新渠道而获得了成功，欧威德和她的两个主要助理，弗兰·威尔逊与安·李，正重新考虑公司的长期生存战略。花萼和花冠公司是否应该成为一个邮寄公司？它是否应该与传统经销商（例如鲜花零售商）和提供电信服务的企业（如提供鲜花电话运送服务的企业）直接竞争？它需要保持何种增长速度以稳固已有的成功果实？多样化增长战略对财务的影响如何？欧威德的个人目标连同公司的投资者和员工将会如何影响公司发展的特征和步伐？[①]

这一段的第一句强调了鲜花公司的三个管理者正在重新考虑公司的长期生存战略，换言之，她们正在进行评估。那么，你如何进行评估呢？首先，你需要建立一套适应目标和现实情况的标准。这一段后半部分的问题就提出了评估的依据。你也会在评估情境案例中发现标准经常以问题的形式在案例的某些部分中被提出。

如何辨别评估情境

相比于决策情境案例，评估情境案例的辨别难度更大。在案例的开始，请重点关注“评估”、“重新评估”、“考虑”、“重新考虑”或“评价”等类似词语。评估情境经常针对一个具体事物或事件展开，例如个人或

---

① Walter J. Salmon and David Wylie, “Calyx & Corolla,” Case 9-592-035 (Boston: Harvard Business School, 1991), p.1.

企业战略的绩效。

让我们用在决策情境中提到的两个方法来识别评估情境。第一个是主要角色需要什么？当主要角色需要对某一事物的价值、绩效、效率或事件所导致的后果进行判断时，核心情境就是评估。花萼和花冠公司的管理者想要对公司的长期商业战略的效率和将会导致的后果进行评估便是如此。

第二个是导致案例问题出现的主要不确定性是什么？对于花萼和花冠公司的管理者而言，公司的长期战略是否能够与其业务和利益相关者匹配，是否能够取得如可持续发展或提升预期财务绩效等结果？为了确定这些问题的答案，她们必须对现有的战略进行评估。

以下是另一个案例的第一部分：

> 总统将这次否决称为阿根廷历史上的一个“转折点”，他宣称：“我们不会在阿根廷人民饥寒交迫的时候偿还我们的债务。”众多国际主权债务机构以及摇滚明星博诺都对总统的行为表示支持。然而，由全球金融机构组成的国际金融协会则提出：“阿根廷在结构性改革中的停滞不前与在债务交换过程中的激进行为定将提高其经济长期发展风险。”①

阿根廷总统决定拒绝支付一大部分的主权债务（约65%），这一决定是富有争议的。总统、博诺和未透露姓名的专家都对此决定表示支持，然而由国际金融公司、银行和金融机构组成的国际组织却预见了即将到来的国家经济危机。一个并未在文中提出的问题是：哪一方是对的？你的任务是对债务决策进行评估以判断总统的决策是否正确。

你也可以继续发问：这一案例中主要的不确定性是什么？答案是阿根廷所受的影响。总统拒绝支付国家债务的行为需要被评估以判断其是否会帮助或阻碍国家的发展，或两者兼而有之。出现兼而有之结果的情

① The quoted paragraph is from a draft version of a case once used as an examination in a Harvard Business School course. The final version is Noel Maurer and Aldo Musacchio, “Barber of Buenos Aires: Argentina's Debt Renegotiation,” Case 9-706-034 (Boston: Harvard Business School, 2006).

况是真实存在的，也是评估情境案例的一大特征。这意味着决策同时会产生积极和消极的影响。在现实世界中，对事物评估的结果难以达到绝对有利或绝对不利，往往出现的是积极和消极结果相混合的局面。

像决策一样，你可以使用某种框架来指导案例的评估和分析。更多关于评估分析的内容请参阅第5章。

3.3 问题诊断

我们都曾参与过问题诊断。当你生病了需要就诊，你的症状就是一个“问题”，医生需要诊断导致症状的原因，并依据症状开处方。从商业到工程学，问题诊断被运用于许多领域。这意味着一个简单的问题需要被一个因果关系所解释。一个问题可以导致特定结果，激起行为反应，甚至产生伴随事件。例如，一个企业在所有部门中尝试倡导社会责任行为的策略失败了，这是一个事件的结果，而策略失败是一个问题，因为这一策略在该企业中具有较高优先级，且没有人知道为什么该策略没有发挥功效。诊断的目的就是寻找策略失效的原因。

一个问题可能是正面或负面的。一个企业可能在销售中迎来了超预期的增长，但是如果企业不能理解增长的原因，就无法维持增长态势，这就是一个正面问题。问题也可以是负面的，例如，企业社会责任策略的失败就是一个负面问题。

以下是一个关于创新钢材企业案例的第一段：

> 纽柯公司在1986年销售额达7.55亿美元，净利润达0.46亿美元。其99%的销售和运营收入来自10个分布于美国各地的钢铁制造和生产地。210万吨的钢铁产能使其成为全美第二大钢铁厂。20世纪70年代，其销售额和利润曾增长迅速，而从80年代开始，纽柯经历增长压力，最终在90年代出现负增长的局面。为了更好地减轻绩效压力，纽柯的董事长兼首席执行官F. 肯尼思·艾弗森对美国钢

铁产业的竞争和纽柯的市场地位进行了回顾分析。①

纽柯的 CEO 想要了解销售下滑的原因。如果他成功找出问题所在，他和他的公司将有能力再创辉煌。

美国政府拯救生命的工作可以成为很好的说明问题诊断效果的例子。每个涉及美国乘客的商业航空事故都会被国家交通安全委员会（National Transportation Safety Board，NTSB）调查。其目的在于了解事故的原因并致力于阻止类似事件的发生。一系列基于此的调查和行动致使商业航空事故和伤亡自 1950 年起开始减少。2017 年是有记录来最安全的一年，商业航空事故没有造成人员伤亡。

如何辨别问题诊断情境

辨别问题诊断情境具有一定难度。此类案例不会经常使用“问题”“诊断”等词语。随着案例学习经验的增长，你会发现案例中的主要人物不知道为什么一些事情会发生，因此他们需要理解问题发生的原因。在纽柯的例子中，问题诊断情境案例常常先进行问题概述，然后引出需要找出问题所在的主要角色。

同样地，让我们用两个已在决策和评估情境中应用的方法来识别问题诊断情境：主要角色需要做什么？造成案例问题的主要不确定性是什么？

以下是一个案例开篇的两段：

> 汤姆・克拉夫林，作为 NDL 的董事会成员和一家风险投资公司的投资者，提出了自己的观点：
>
> 所有风险投资家都相信这家公司，相信杰克和罗布，但这已经是他们第四次寻求资金支持，特别是在前几轮所筹集的资金已经十分充裕的情况下。在风险投资家再次投资 100 万或 150 万美元之前，

① Pankaj Ghemawat and Henricus J. Stander Ⅲ，“Nucor Corporation，” Case 9－793－039，exam version（Boston：Harvard Business School，1992）.

我们必须要解决关键性问题：这家公司是否真的需要更长时间才能达到预期的经济增长？或是其经营理念中存在根本性的错误？①

主要角色需要做什么？汤姆·克拉夫林被要求为一家创业企业提供更多资金。他和其他投资者相信这家企业和创始人，但是前几轮的融资对该企业而言已经足够，问题是该创业公司的成长较慢。作为一名谨慎的投资者，克拉夫林想要诊断导致问题的原因。只有这样他才能就是否追加投资做出具有建设意义的决定。

导致案例问题的主要不确定性是什么？克拉夫林不知道为什么创业公司需要比预期更长的时间发展壮大。他必须理解这一问题的原因和该公司是否存在根本性经营理念问题或经营不利的问题。

第6章将会详细讨论问题诊断情境案例的分析。

3.4 在提问中阅读案例

现在你已经了解了阅读案例时可能会遇到的三种核心情境，并知道如何辨别它们。下一步，你需要将这一知识与为案例制定的阅读过程相结合。

相比于教科书，案例的阅读需要更加主动。你不能坐在那里等待案例告诉你需要了解什么，你需要重新检查和排列案例的碎片化信息，将其拼凑成一个有价值、有意义的形状。这一过程与研究项目类似。你不会收集和阅读所有可能的资料，而是会根据研究的具体问题寻找资料并将其分类，在阅读后对其相关性进行评估，对其相关的部分进行信息捕获。将案例视为研究项目有助于更好地理解案例学习的本质。

请牢记案例不会告诉你它所表达的意义，也并不提供明晰的问题答案。你必须成为一个积极的读者，以寻找能够说服自己的答案。成为积

① Michael J. Roberts, "National Demographics & Lifestyles (Condensed)," Case 9-388-043, exam version (Boston: Harvard Business School, 1987).

极的读者意味着你需要在案例中提问并寻找答案。

以下是 8 个结合前文所述的核心情境的案例问题。“8”看起来可能是一个不切实际的数字，但是前 5 个问题可以被迅速地回答，特别是在你已经使用这一问题列表数次之后。你应关注在案例阅读和分析上所花费的时间。如果你在文本中勾画时和做笔记时不知道哪一部分重要，就重新阅读一遍，继续勾画和做更多笔记，这样的随机阅读方法花费的时间较长，且效率较低，是令人十分困扰的。

许多老师在案例讨论中提出了相关问题，有时，学生们不知如何使用这些问题。你的第一个选择是询问老师你是否应该准备回答这些问题。一般情况下，老师会就案例中的关键问题提问，但是不会要求你就以下这些问题给出正式回答。

案例阅读过程

（1）阅读案例的开头和结尾，能告诉你案例的核心情境是什么。

通常情况下，这些部分会提供你所需的情境识别线索。

（2）快速阅读剩下的部分和图表，以确定案例所包含的信息。

此举的目的是了解案例的信息和信息所在的位置。请避免以较慢速度阅读案例和试图记忆案例内容。

（3）请停下！现在是思考的时间。案例的核心情境是什么？主要人物需要做什么？主要不确定性是什么？

通过问以上几个问题来确定核心情境。一旦你确定了案例的核心情境是决策、评估或问题诊断的其中之一时，你可以使用相关的框架进行下一步提问。这些问题会为你高效探索案例提供具体计划。

（4）为了回答主要人物需要做什么并解决主要不确定性，你需要了解什么？将你需要了解的内容记录下来，不要担心会出错。

这可能是整个过程最重要的一步。如果你不知道你要找的是什么，你就永远不会找到答案。正确的核心情境分析框架会帮助你列出你需要探索的事物。例如，对于决策情境案例而言，你应该思考主要角色能够使用并据此进行决策的最优标准。为了确定标准，你需要考虑所学的能够为你提供帮助的定性和定量方法。

(5) 略读案例，在你发现与内容相关的信息的位置做标记或记笔记。

(6) 你已经准备好深入阅读案例了。仔细阅读和分析你所识别出的，与所需了解的信息相关的部分。在分析过程中问问自己：我正在了解的内容将如何帮助我理解案例的主要问题？

最有效且最不易产生疑惑的阅读和分析方式就是剥洋葱学习法，即一次只研究一个问题。例如，我们假设需要使用财务和市场标准分析一个决策方案。在分析过程中，将财务和市场问题分开研究远比来回转换分析两个问题容易。随着分析的深入，你会发现你相关知识的空缺，并将其加入你所需了解的列表之中。

(7) 你最终的目的是依托案例中的证据，得出关于案例核心问题的结论或立场。请牢记，一个案例通常没有客观的正确答案，有可靠证据支持的答案才是最好的。

随着你对案例了解更多，问问自己：我所知道的如何帮助我理解核心问题？当你在为案例课堂讨论准备时，思考可能的立场选择。最后，花一些时间思考如何论证你所选的立场。

(8) 你所选择的立场支持何种行动计划？需要何种行动计划？

在现实世界中，分析之后往往伴随着行动。很显然，决策需要落实。通常而言，问题诊断的全部意义在于针对问题提出解决措施，甚至在评估时也需要提出行动计划，以保持优势并弥补已经发现的劣势。

3.5 高效分析案例

当你分析案例时，你究竟应该做什么？"分析"一词具有多重意思。在案例学习中，分析是对案例中你认为可能能够解释主要问题的信息进行详细检查。案例的阅读过程和案例的核心情境识别为你的分析提供了目标和意义。

随着案例分析的深入，分析目标会发生变化。以下是一个例子：

目标：决定核心情境：这是一个决策情境案例

　目标：找到决策方案

　　目标：列出对决策有用的标准

　　　目标：找到与标准有关的证据

　　　　目标：对证据进行分析

　　　　　目标：依据证据分析进行决策

请回想前文所述的研究项目。随着研究的深入，你的关注点会逐渐缩小，但是，很重要的是，你不会忘记研究的目的。案例分析的目的在于寻找拼图，并将其以合理的方式拼凑起来，以回答案例的主要问题。

分析的目的是得到充足的信息、推断和计算以帮助你回答核心问题。分析应是具有针对性且有条不紊的。漫无目的的分析会导致你对案例的理解过于碎片化，以至于无法前进。

3.5.1　遵循分析路径

前文所述的所有具有普遍性的内容都需要例子加以实践。以下我们将遵循几个步骤进行案例分析。

在经济衰退时期，家具制造商以赊账的方式将其产品卖给零售商，零售商按月还款。案例的开头告诉我们，家具制造商的信贷经理必须决定是否继续为 2 家零售商放贷，而这 2 家零售商都是长期客户，但是他们都并未按时还款。

首先，请思考信贷经理为了做出决策需要了解什么。零售商的财务健康状况看起来与决策息息相关。同理，本地市场规模和零售商的经营表现（销售额、销货成本以及相关信息）也很重要。以上三个方面的信息可以成为经理决策的标准依据。

你现在已经准备好进行分析了，因为已经获得了决策的标准依据。你将案例中的相关信息列了一个清单，但是并没有发现关于本地市场规模的信息。然而，你发现了零售商过去三年的销售信息。零售商 A 的销售额近几年有所下滑，并且销货成本持续攀升。其所处的国家经济持续衰退，但去年呈现出了增长势头。在最新一年的可查数据中，零售商A的销售额有所提升。你可以推断近期的销货成本增长趋势是由于零售商A正在打折销售家具，这作为销售受阻的回应和清理旧库存的举措是可以理解的。对于零售商A而言，你可以推测销售额具有增长趋势，所以支持放贷，尽管该决策可能具有一定限制或条件约束。

基于一条标准的结论并不足够可信，还不足以做出决策。你需要了解零售商的财务健康状况。案例提供了三年的资产负债表和利润表。此时，你需要进行更多分析。在资产负债表和利润表中，一些数字表明了资金结构和流动性。这些都是重要的财务健康指标。你如何测量它们？应测量速动比率和资产负债率。

以下是分析路径的总结：

决策：是否应为零售商A和B放贷？

　　依据：财务健康

　　　　衡量财务健康的标准？

　　　　　　流动性，零售商A

　　　　　　　　从表中计算的速动比率：0.076

　　　　　　资金结构，零售商A

　　　　　　　　从表中计算的资产负债率：46%

遵循这条路径，你逐步了解零售商A。一方面，其速动比率低于1，意味着短期内其资产无法偿还债务。另一方面，其资产负债率为46%，是一个健康的数值，意味着如果可能的话，其拥有足够的资金以偿还债务，并填补支出。尽管你需要在决定是否向零售商A放贷前了解更多信息，但是你已经开始将案例中的碎片拼凑在一起，以形成关于贷款的决策立场了。

3.5.2 关于证据

证据一词经常在本书中被提到。当你分析案例时，证据是支持主要问题立场的信息。而主要问题则由案例的核心情境决定，如决策、评估或问题诊断。当你针对一个决策情境案例表达立场时，证据是用于支持你立场的信息，对于评估和问题诊断，该定义仍然适用。

案例证据由事实组成，其中包含数字、基于数字和合理假设的计算，基于现实的推断以及人物的叙述。证据能够显著影响你所支持的立场或结论的可信度，因为它可以被独立地证实。这意味着，在案例学习中，你的同学和老师可以根据案例内容检查你所提出的证据。

一些证据比其他形式的证据更加可靠。基于仔细检查的数据的计算和估计是最可靠的证据。而案例中个人的陈述只能被认为是一种观点的表达，所反映的并非真实情况。纵然是专家的个人观点，只有当其他证据支持其观点时，才具有较强说服力。一个 CEO 可以断言其对公司的战略持积极态度，但只有当他的观点得到其他来源的证据支持后，才具有权威性。

3.5.3 关于数字

数字，无论是案例中陈述的事实，还是根据案例所提供的其他数字计算而来，都是案例中最强有力的信息和证据的类型，同时也是最不可以轻信的，因为其可以在不提供过多解释的情况下获得你的大量注意力。当一个案例中有许多定量信息时，人们往往倾向于从它们开始，理解这些数字或者绩效计算的含义，这是一个常见错误[①]。请牢记在阅读过程部分提到的：如果你不知道你在寻找什么，你就无法找到答案。

阅读过程的一个关键问题在于：为了回答主要人物需要做什么，并解决主要不确定性，我需要了解什么？我们刚刚通过信贷经理困境的案例完成了一部分的分析路径。你是否注意到计算是在何时出现的？它们出现在路径的最后。

情境：决策→可能的依据：财务健康→测量标准？→流动性和资本

---

① David H. Maister, "How to Avoid Getting Lost in the Numbers," Case 9-682-010 (Boston: Harvard Business School, 1981), for a helpful discussion of analyzing quantitative data in a case.

结构→计算。

在商业中，数字只有在特定情境下才有意义。没有特定情境，它们就只是数字。在这个例子中，流动性和资本结构只有在我们考虑特定决策的依据以及如何测量时才有意义。

单单一个数字自身并不具有多少意义。在做决策时，速动比率与资产负债率需要连同综合经营绩效一起考虑，才具有意义。然后，加上更多的计算才会将零售商 A 的财务健康状况描述得更加准确。例如，应收账款和应付账款账户是否有逆向变化？

你现在已经了解了案例的三个核心情境、阅读过程和分析的知识。在接下来的三章里，你将把这些知识运用到阅读和分析完整的案例中。

第 4 章 如何分析决策情境案例

决策情境案例是所有核心案例情境中最常见的。本章的第一部分将会对决策分析的独特特征进行定义，第二部分将会使用第 3 章中所涉及的元素与问题，带领你完成一个完整的案例分析过程。

4.1 决策情境案例分析的六个要素

对决策情境案例的分析包括以下六个不同要素：

- 确定所需做出的决策。
- 寻找或识别可供选择的方案。
- 选取决策标准。
- 基于标准分析案例。
- 推荐决策方案。
- 提出行动计划。

你的老师可能不会明确提出有关上述六个要素的所有问题来讨论决策情境案例，他们有自己推动讨论的方式。但是，本章中所描述的分析方法将会在你探索案例的过程中发挥指导作用，并帮助你准备课堂讨论。

4.1.1 确定所需做出的决策

在案例的某个角落，通常在第一部分，你会发现关于所需做出决策的陈述。这表明该案例是围绕决策情境展开的。

4.1.2 寻找或识别可供选择的方案

在决策中，通常有可供选择的方案。一旦你知道这是一个决策情境案例，那么请去寻找可供选择的方案。它们有可能是二元的，即是或不是；也有可能包含多个方案，每个方案相互对立。你需要在分析案例前了解或明确这些可供选择的方案。

以下是对处理拥有多个选择方案的案例的建议：你无法同时应付三个（或以上）的方案。如果你做出了这种尝试，一定会在多个方案的来回切换中感到迷惑，使分析变得混乱。与之相反，你应首先关注两个差异相对较大的方案，然后再处理剩余的方案。你应该在推荐决策前了解所有可供选择的方案。

在决策情境案例中，方案的具体情况可能并不清晰。在这种情形下，你需要在开始分析前明确最具逻辑可能性的方案，这样就可以分析哪一种方案最好。

4.1.3 选取决策的标准

“标准”一词的含义看起来似乎有些抽象和模糊，但实际上，你一直在使用标准，尽管你没有称其为“标准”。当你决定买一部新手机时，必须依据某种标准进行选择。你可能会列举一些客观标准，如价格、手机大小、屏幕分辨率、相机质量、内存大小等，或者会关注手机的外观或社会价值。

在研究案例时，你可能会思考：在做决策时我应该考虑什么？“标准”就是这一问题的答案。你所采取的标准是决策情境分析中最重要的部分。当脑海中没有任何标准时，你将会手足无措，试图寻找较为可靠的标准。使用与案例主题不相关的标准将会导致时间的浪费，并使你容易推荐一个几乎没有证据支持的方案。

决策标准需要满足以下条件：

- 与决策主题相关。它们应该是能够帮助你理解具体决策的概念。一个有关管理者的案例需要使用与领导力有关的标准，而不能使用与会计或市场方面相关的标准。

- 与案例证据有关。在决策情境中有许多可能的标准，但你应该寻找那些在案例证据中有所体现的标准。在学习案例的初期，你需要对标准进行一些合理猜测（详见本章的第二部分）。一些技术层面的概念和度量可以帮助你遴选标准。例如，在关于会计决策的案例中，你可能希望考虑使用你所学的会计概念作为可能的标准。

- 为做出可靠决策，减少标准数量。当使用太多标准时，推荐一个决策就变得十分困难，因为这迫使你去分析和整合众多因素所产生的结论。你的任务是识别最优标准，即那些最能帮助你做出决定的标准。

4.1.4　基于标准分析案例

在标准的指导下，决策分析会检验与每个标准相关的证据以及可能的方案。你的目标是了解哪一个方案的标准和证据最为匹配。

4.1.5　推荐决策方案

一旦基于标准分析了案例并得出了相关结论，请后退一步，看看这些结论最支持哪一个方案。不同的标准可能会相互冲突，因此你需要判断什么标准或证据对决策而言最重要。

4.1.6　提出行动计划

决策只有被实施后，才能发挥作用。一个优秀的决策可能会因执行不力而受到影响。正因如此，你需要重视行动计划。像决策一样，行动计划的每个细节也至关重要，其目的在于使决策尽可能高效地落实。

4.2 例证：阅读和分析一个决策情境案例

《通用汽车：帕卡德电气公司》涉及一个汽车巨头通用汽车旗下的全资汽车零件供应商，以及该供应商生产的创新零件——RIM护线环。在继续阅读本章之前，请完整阅读第Ⅳ篇的这一案例，这会使你受益良多。

如你所见，本章的案例分析聚焦大量细节，其目的在于告诉你，通过使用本章所介绍的工具和问题，你可以以何种程度深入探究一个案例。要想成为积极的讨论参与者，你不必了解所有的案例细节。但是，请确保你的分析能够提供足够深入的见解，这样，在课堂讨论中，你就能有所贡献。

1. 阅读案例《通用汽车：帕卡德电气公司》的开头和结尾，这能告诉你案例的核心情境是什么。

对于案例教学法的新手而言，案例的开篇通常陷阱密布。第一句话就提到了附录中的术语汇编。作为一名勤奋的读者，你可能会在术语汇编中学习相关词汇，为阅读案例的剩余部分做准备。然而，这是错误的。为了使术语具有意义，你需要从整体出发把握案例。

第二段提到了案例资料1，即一个甘特图。这一图表与术语汇编一样，阅读起来十分耗费时间。在你深入了解案例前，阅读这些是无意义的。在将自己沉浸在案例细节前，请关注案例的整体，这将使你的阅读和分析更加清晰和高效，案例的开篇就是对此最好的诠释（最终看来，术语汇编和甘特图的阅读价值较低）。

但是第二段的第一句话揭示了案例的核心情境是决策：

> 在帕卡德电气是否应该将RIM护线环运用于1992年车型的问题上，对新产品开发过程负最终责任的产品、流程、可靠性委员会想要听听施拉姆的分析和建议。

2. 快速阅读剩下的部分和图表，以确定案例所包含的信息。

本案例有五个主要部分：帕卡德电气背景介绍、帕卡德电气的产品、新产品开发机构、处于决策核心的创新零件（RIM 护线环）以及对 RIM 护线环的各抒己见。图表 4－1 中包括关于工程设计活动、产品缺陷数据和生产成本等主题的相关信息。

3. 请停下！现在是思考时间。案例的核心情境是什么？主要人物需要做什么？主要不确定性是什么？

你已经了解本案例的核心情境是决策。施拉姆知道他需要做出一个决策，但不知道决策思路应遵循何种流程，这也是案例的主要不确定性所在。在最后一个部分“施拉姆的选择”中，他有三种选择方案：

- 在 1992 年车型中全部使用 RIM 护线环。
- 同时开发旧零件（IHG 护线环）和新零件（RIM 护线环）。
- 在 1992 年车型中全部使用 IHG 护线环。

你现在了解了所需做出的决策是什么，以及有何种可供选择的方案，详见图表 4－1。

图表 4－1　施拉姆应选择哪个方案

4. 为了回答主要人物需要做什么，并解决主要不确定性，你需要了解什么？将你需要了解的内容记录下来，不要担心会出错。

这是最难的一步。通常情况下，人们通常倾向于进行案例阅读以获得更多信息。但是，你最好停下来，然后思考。这么做的原因在于，在此刻，你的脑海中并没有充斥着阻碍你清晰思考的大量碎片化信息。此外，花时间思考你所需了解的关键信息有助于进行分析。

这个决策情境案例涉及三个方案。为简化对案例的研究，你应该从差别最大的两个方案入手，即使用 RIM 或 IHG 护线环。在分析完成后，你就能够考虑第三个方案的相对优势和劣势了。

施拉姆面临的主要不确定性在于如何做出决策。你应该问自己，如果你是施拉姆，为了做出决策，你应该了解什么？换言之，辅助决策的标准是什么？

请回想你学过的可能对选取标准有用的商业概念。你可能从运营课堂中学到成本是生产决策中的关键因素。这是一个不错的建立暂行标准的起点。你从案例的开头也得知，至少在短期内，制造部门的负责人坚决反对制造 RIM 护线环。他们之所以抵制 RIM 护线环，是因为新零件在制造过程中会产生问题，这一点是你需要了解的。

从市场营销部门的角度来看，你知道产品需要满足特定消费者的需求。是否使用 RIM 或 IHG 护线环的决策一定与消费者息息相关。使用新零件是否会使消费者受益？如果是的话，消费者将如何受益？当然，你需要确定谁是消费者。学习了战略的课程可能会让你想到竞争优势，创新零部件的使用能否为公司带来显著的竞争优势提升？

以下是对这两个方案设定的暂行标准和提出的相关问题：

（1）成本。

- RIM 护线环的制造成本是否会高于原有零件，或者能否节约成本？

（2）制造流程。

- 制造 RIM 护线环是否会对制造流程产生显著影响？
- 为了制造 RIM 护线环，制造部门需要做些什么？是否需要引入全新流程、设备或进行相关培训？

（3）客户。

- RIM 护线环与原有零件相比能否使客户获益更多？
- 如果选择 RIM 护线环，客户是否会满意？

（4）创新。

- RIM 护线环是否比原有零件更好？为什么？

- 创新的零件能否为帕卡德电气带来优势？

你现在已经得知可供选择的方案和与之对应的暂行标准，如图表 4－2 所示。现在可以使用“需要知道的问题”来探索案例了。

图表 4－2　施拉姆应选择哪个方案

方案	标准
1.RIM	成本
2.并行开发	制造流程
3.IHG	客户
	创新

5. 略读案例，在你发现与内容相关的信息的位置做标记或记笔记。

以下是一些你可能在案例的角落处记下的简短笔记。此时，你不知道什么信息与决策密切相关，所以最好在暂行标准后打问号，因为你之后将重新回顾暂行标准，以确定案例信息是否与标准相关。

帕卡德电气背景介绍如下：

（1）其最大的客户——通用汽车的竞争困境。

- 客户？创新？

（2）帕卡德电气的产品。

- 护线环产品的描述，以及产品所需的高额工程成本。
- 成本？制造流程？

（3）新产品开发机构。

- 汽车公司将产品设计任务交给帕卡德电气。
- 创新？

（4）RIM 护线环及其开发工作。

- 产品是在帕卡德电气客户的设计中心研发的。RIM 护线环的生产问题。
- 制造流程？客户？创新？

（5）各抒已见。

- 产品研发视角下，RIM护线环的优势。内部冲突：消费者和产品研发部门需要RIM护线环；生产制造部门指出制造RIM护线环会产生很多问题。
- 成本？制造流程？创新？

（6）案例资料1、6、7、9。

- 制造流程？

（7）案例资料2、4、5，附录。

- 是否与标准相关？

（8）案例资料3、8。

- 成本？

（9）案例资料10。

- 客户？

6. 你已经准备好深入阅读案例了。仔细阅读和分析你所识别出的，与所需了解的信息相关的部分。在分析过程中问问自己，我正在了解的内容将如何帮助我理解案例的主要问题？

可能对你而言，在经历很多步骤后，直到现在才准备好进行案例分析是十分奇怪的。但是了解可能的决策标准，并且找到案例中相关信息的位置，可以使你的分析更为简单，特别是在逐次分析单个标准时，这一作用更为凸显。

在案例中识别可以回答主要问题的证据，对大多数学生而言，是一项难度较高的技能。我认为他们（包括你？）已经习惯于阅读像教科书或其他材料一样，将内容以逻辑性的形式排列的文本了。他们没有准备好阅读类似这类没有严格按逻辑性形式排列的文本。你可以通过学习在案例不同部分的事实是如何被组合、拼凑成为理解案例主要问题的基础的方式，提升自己的案例分析技能。

深入《通用汽车：帕卡德电气公司》之中，你应该从成本入手，因为这是最有形化的标准，其提供了可以准确支持或反对一个决策立场的数字和计算。

(1) 标准 1：成本。案例并没有说明 RIM 护线环是否会增加或降低成本，因此，你需要自行收集信息。你发现 IHG 护线环的工程变更指令消耗了大量的工程时间。而帕卡德电气保存了 45 000 个 IHG 护线环的零部件，但是保有该零件的库存成本是未知的。随后，你发现了重新设计 IHG 和 RIM 护线环的成本。案例资料 3 提供了更多关于剩余零件库存和大量与之相关的工程时间的数字信息。案例还提供了相关附加成本信息，例如 RIM 护线环相比 IHG 护线环所需的初始制造成本更高。你决定详细调查成本问题中所掌握信息最多的方面，包括工程变更指令成本、剩余零件库存成本和重新设计成本等。

找到和理解关于成本的事实及其含义就是一个例子说明和展示你将如何面对案例的“有预谋的杂乱无章”，即相关事实分散在案例的不同部分内的情况。这一案例特征是令人困扰的，但其目的在于模拟现实世界，还原信息并非整齐排列组合的倾向。

你现在已经获得了三个主要成本类别，即重新设计成本、工程变更指令成本和剩余零件库存成本的相关信息。然而，你并未获得所有计算成本所需的数据。如果你打算就此放弃，这是合乎常理的。但实际上，你可以估算缺失的数据。这是案例分析中的另一条有价值的经验。基于事实和有理由的推测的“粗略的计算”有助于加深你对案例情况的理解。这一经验在现实世界中同样适用，因为你很少能够获得关于决策的完美信息。

你发现无法估计剩余零件的库存成本，因为案例只给出了一个数字，即目前有 45 000 个 IHG 护线环库存，只剩下重新设计成本和工程变更指令成本可以计算。案例中指出，帕卡德电气的主要目标之一就是降低工程变更指令成本。

IHG 护线环每隔 2 至 3 年会被重新设计，但是案例没有指出 RIM 护线环重新设计的频率。你如何得出关于 RIM 护线环重新设计频率的合理猜测呢？因为 RIM 护线环可以容纳 IHG 护线环 2 倍的电缆，所以你可以假设其需要每 4 年重新设计一次。因为你认为比较重新设计的相对成本是可行的。你用每小时工程成本（案例中提及的 50 美元）与重新设计所需时间相乘，得出所对应的小时数：IHG 护线环为 600 小时，RIM 护线环为 100 小时。如图表 4－3 所示，RIM 护线环每年可以节约 370 个工程时间的重新设计成本。

图表 4－3　估计重新设计成本节约（IHG 与 RIM 相比）

零件	工程成本	重新组装成本	总成本	重新设计频率	年均成本
IHG（旧部分）	$ 30 000	$ 13 000	$ 43 000	每 2 年	$ 21 500
RIM（新部分）	$ 5 000	$ 7 000	$ 12 000	每 4 年*	$ 3 000
RIM 节约/年					$ 18 500

* 估计。

RIM 护线环是否会对工程变更指令成本产生影响？图表 4－4 做出了肯定的回答。这一计算也需要合理的推测。IHG 护线环的工程变更指令每年会占据 500 名工程师一半的时间，但是案例并没有给出 RIM 护线环的相对数据。你得知 RIM 护线环的电缆容纳能力是 IHG 护线环的 2 倍。与旧零件不同，其有更高的设计灵活性，可以不加修改，在不同车型中使用。你预测 RIM 护线环将会减少一半的工程变更指令时间。在图表 4－4 的计算中，你假设工程师每年工作 1 920 小时（每周 40 小时×每年 48 周）。你现在可以如图表 4－4 所示计算成本。采用 RIM 护线环可以在工程变更指令中节约高额成本。你的分析表明关于成本的相关证据强烈支持单独制造和采用 RIM 护线环的方案，如图表 4－5 所示。

图表 4－4　估计工程变更指令成本节约（IHG 与 RIM）

零件	所需工程师数量	每年占用工程师的时间	每小时工程成本	年均成本
IHG	500	50%	$ 50	$ 24 000 000
RIM	500	25%*	$ 50	$ 12 000 000
RIM 节约/年				$ 12 000 000

* 估计。

图表 4-5 施拉姆应选择哪个方案

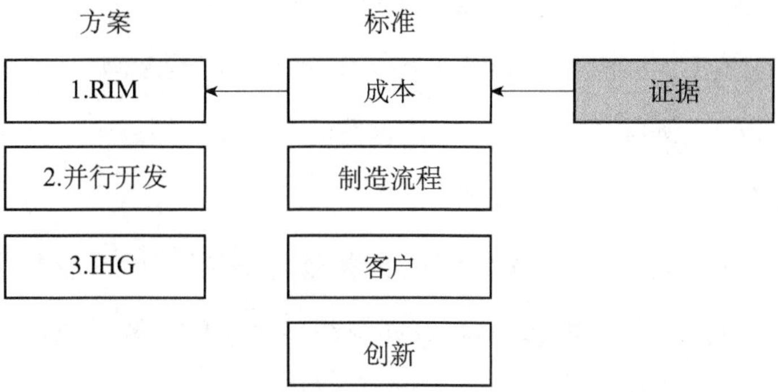

你可能会疑惑，在分析案例或课堂讨论时花时间计算节约的成本是否现实。这个问题问得好，因为你只有有限的时间，且必须决定如何利用时间。如果你正为了课堂讨论分析这个案例，你有以下选择：

- 决定成为课堂中的成本节约计算专家，并做出相关的所有计算。
- 做出 1 到 2 个计算以参与对成本问题的讨论。
- 标注出案例中有关成本的信息，并关注其他部分。

上述任何一个选择都可以为你在讨论中提出建设性意见提供良好的基础。

（2）标准 2：制造流程。你现在着手处理第二个标准，即制造流程。以下是与其最为相关的信息：

1）根据案例资料 8，RIM 护线环的生产成本更高。

2）因为生产 RIM 护线环需要额外投资、引入全新的制造工艺以及进行员工训练，因此实施难度较大。一个制造部门经理提到（详见案例“各抒己见”部分），RIM 护线环是重要的技术，部门可以生产并使用这个零件，但是这一工作将会很困难。

不出所料，所有与这个标准相关的证据都支持第三个方案，即继续使用 IHG 护线环。你现在有了反对使用 RIM 护线环的证据。然而，你需要时间去思考制造流程问题。

前两个反对的意见是基于事实证据的。但是产品创新经常需要在制造流程上做出改变。在生产初期，制造任何新的零件都将会比制造现有零件消耗更多成本，这一反对观点对任何涉及流程改变或具有较高初始制造成本的创新活动都适用。案例资料8表示，成本差异在两年内就会快速被削弱，因为，如你所料，制造部门在这期间将学会如何高效生产，工程师也证实了这一观点："随着帕卡德电气对这一技术经验的增长，其预期成本将会大幅下降。"

案例同样提到，客户们已经接受为RIM护线环支付更高的价格。另一批在欧洲的高端客户对RIM护线环表示出强烈的兴趣，他们看起来并不在意成本问题。

第三个反对意见源于制造部门，他们认为将RIM护线环的生产提上日程是十分困难的。制造部门的确只拥有比所需时间更少的时间用于转换制造流程，因为产品研发部门错误地规划了时间计划。同时，如前文所述，制造部门仍然对将RIM护线环于下一年投产充满信心。

关于生产流程的证据表明帕卡德电气应继续使用IHG护线环，如图表4-6所示。但是，证据同样表明，这些问题可以被减少或解决。

图表4-6　施拉姆应选择哪个方案

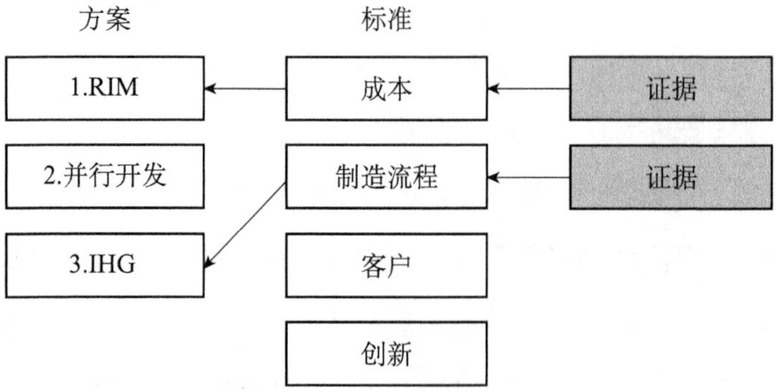

（3）标准3：客户。与成本数据相同，帕卡德电气对客户的关注在案例全文中都有体现。你得知帕卡德电气的主要客户（和母公司）是通用汽车，而通用汽车的市场份额近年来持续下降，但是帕卡德电气却始终保持增长，因为汽车中的电子零件需求量正持续提升。当你在分析成本标准时，你得知与原有零件相比，RIM护线环可以容纳更多电缆，并且耗费更少的工程时间。

随着你收集信息的深入，RIM 护线环是如何影响客户价值的这一问题，在你脑海中愈发清晰：

1）RIM 护线环拥有原有零件 2 倍的电缆容量，这很关键，因为其可以提升客户的竞争力。通用汽车和其他帕卡德电气的客户可以以更快的速度在汽车中加入电气组件。

2）在组装时不容易损坏。

3）简化了帕卡德电气的制造流程。

4）在整辆汽车中所占的空间更小，因此，可以为汽车设计者提供更强的灵活性。

5）与原有零件相比，防水性更好。漏水情况是组装工厂和客户经常抱怨的问题。帕卡德电气的线束如果在测试或实际使用中漏水，将导致客户修理成本的提升。RIM 护线环可以帮助提升客户满意度和品牌忠诚度。

6）客户价值这一指标表明，通用汽车和其他汽车公司愿意为 RIM 护线环支付更高的价格，事实上，他们愿意为其支付 2 倍的价格。

7）RIM 护线环是由客户和帕卡德电气共同研发的，对未来年份开发车型具有可预期性。客户表达了对研发进度缓慢和生产计划停滞的不满。

8）你可以得出如下结论：制造 RIM 护线环对客户，特别是帕卡德电气的母公司——通用汽车有极高的价值（详见图表 4－7）。

图表 4－7　施拉姆应选择哪个方案

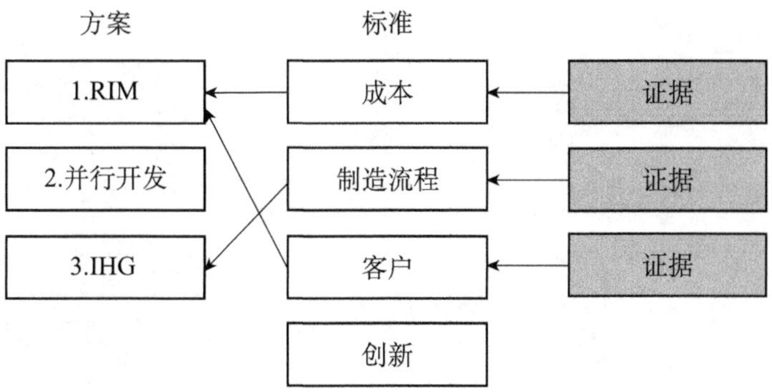

（4）标准 4：创新。RIM 护线环因能容纳更多电子组件而成为一个创新性产品，可以产生两个竞争优势：第一，帕卡德电气的客户，其中

包括最大的客户通用汽车，可以因此获得竞争优势。通用汽车在 9 年内损失了 11%的海外市场份额，需要全面提升竞争优势。第二，帕卡德电气可以获得竞争优势，因为其他汽车供应商无法提供类似的产品。在成本和客户分析中提到，RIM 护线环也为帕卡德电气及其客户提供了其他的优势。

从内部视角看，帕卡德电气似乎在创新流程上出了问题。产品研发部门的组织混乱且无序。制造部门被强制要求在短时间内改变其制造流程，这可能会增加生产成本和复杂性，对该部门施加了压力。此外，制造部门在产品研发环节中似乎不具有发言权，这些可能是制造部门的工程师抵制创新活动的原因。

制造部门的工程师有阻碍创新的倾向。他们觉得 RIM 护线环并不能在很大程度上改善漏水问题，制造流程工程师基萨·艾拉萨斯认为客户错误理解了漏水的原因。制造部门声称他们比客户更了解客户生产的车辆。但是案例资料 7 和 10 中的数据显示，漏水问题是在机械售出后的组装环节出现的，在没有证据的情况下争论创新的优缺点使 RIM 护线环的产品研发变得十分困难。

你针对创新证据的分析支持选择生产 RIM 护线环的方案，如图表 4 - 8 所示。

图表 4 - 8　施拉姆应选择哪个方案

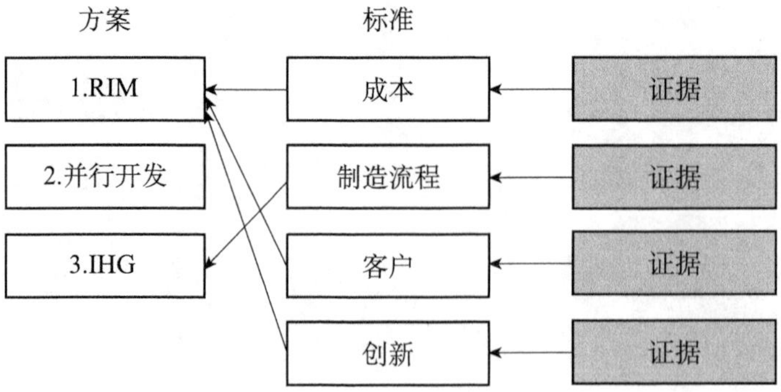

7. 你最终的目的是依托案例中的证据，得出关于案例核心问题的结论或立场。请牢记，一个案例通常没有客观的正确答案，有可靠证据支

持的答案才是最好的。

你已经收集了四个标准的案例证据，并进行了计算。总体而言，证据支持选择 RIM 护线环。尽管有关制造流程标准的证据表明应支持维持现状的方案，但你发现这些证据是具有误导性的。然而，在做出决策推荐前，请考虑其他方案。

第三个方案是"并行开发"。这是否比制造 RIM 护线环的方案更差呢？以下两个原因给出了肯定的回答：

- 并行开发的方案依然要求解决 RIM 护线环中的制造流程问题。如果这一问题得到解决，为什么帕卡德电气要限制 RIM 护线环的制造，只以一半产能生产呢？
- 如案例所述，同时使用两种生产线的方式会导致其生产线的运行状况变得极为糟糕，客户也需要决定如何在组装线上使用两种不同的护线环。

此时，你已经排除了两个方案，并决定推荐分析所支持的方案：

帕卡德电气应在 1992 年车型中采用 RIM 护线环。

成本标准的证据强烈支持采用 RIM 护线环。帕卡德电气能够降低每年约百万美元的潜在护线环生产成本。客户标准的证据也强烈支持这个方案。制造流程标准的证据揭示了该方案可能存在的负面效果，并支持生产 IHG 护线环或并行开发。但是，分析表明，制造部门的阻力并不具体源于 RIM 护线环的生产，其可能会抵制任何创新产品的生产。此外，你得出了制造部门忽视了帕卡德电气及其客户的利益诉求的结论。

8. 你所选择的立场支持何种行动计划？需要何种行动计划？

如果没有行动计划，决策便毫无意义。实施至关重要，因为一个好的决策会由于不良的执行计划而失败。请回顾你的分析过程，并写下针对制造 RIM 护线环方案的行动计划：

(1) 短期计划。

- 制造问题一定是当务之急。高层管理团队应该尽职尽责，选择制造 RIM 护线环并提供所需的相应资源。

- 应成立一个包含所有决策相关主体代表的工作部门，以监督决策的实施。第一步是识别关键制造问题及阻碍。应设立一个暂定的工作日程，并让工作部门密切监督，为其调度各方资源并及时调整。

- 产品研发工程师应协助制造部门提升 RIM 护线环生产流程的可量化性和可靠性，因为这是两个关键的生产原则。施拉姆应以身作则，将自己任命至一个跨职能团队，并对 RIM 护线环的生产负责。

- 公司应利用 RIM 护线环带来的潜在成本节约雇用更多工程师。也应考虑购买小型 RIM 护线环生产机器制造商，并且将其整合至客户的组装线。

（2）长期计划。

- 当 RIM 护线环生产过程中的问题解决、正式投产后，应成立一个包含涉及生产过程中所有利益相关者的工作部门。该部门应该了解涉及产品研发和制造流程的各部门存在的合作缺失，讨论解决措施，并为新流程制定路线图，以便更好地为所有内部利益相关者、客户、企业竞争力以及产品创新提供服务。

- 应对新产品的研发过程进行测试，使其正式定型，并且在有需要的情况下对其进行修改。帕卡德电气的薪酬系统应更关注对部门之间创新与合作的奖励。

第 5 章

如何分析评估情境案例

案例中的评估情境呈现了以下情境：在做出重要决定或行动前，案例中的人物、团队、产品、服务、公司、国家、战略等需要被更深入地理解。这一理解基于对案例主体的价值、绩效、效率或事件所造成的后果（例如对已下发的决策）的评估。通常情况下，负责评估的是案例的主要人物，但是其也有可能成为被评估的对象。

评估在现实生活中无处不在。电影、书籍、音乐剧、喜剧、车辆、工业机械、餐厅和几乎所有产品、服务以及艺术创造都可以被评估。此类评估都具有相同的目的：为人们提供能够帮助他们改进提升，或者协助他们做出决策或推荐的信息。

绩效考核就是一个说明评估可以帮助人们改进提升的例子。绩效考核中有一系列与个人工作相关的标准，其可以识别出个人的优缺点，通常还能实现以发挥优势、改进劣势为核心的工作目标。

评估发生于决策之前。例如，你可能会上网浏览中餐厅的评价，为你和朋友去哪里吃晚餐的决策提供参考。餐厅的评价内容和评星等级是要考虑的因素，但是你也会在决策时利用其他信息，如餐厅价格、特殊菜单和地点距离等。

5.1 评估情境案例的六个关键要素

评估情境案例由以下六个关键要素构成：

- 识别评估对象。
- 选取评估标准。
- 基于标准分析案例。
- 提出评估意见。
- 识别突发事件。
- 提出行动计划。

本章定义了六个关键要素，然后使用第3章中的要素和阅读流程进行了案例分析。

你的老师可能不会明确提出有关上述六个要素的所有问题来讨论评估情境案例，他们有自己推动讨论的方式。但是，本章中所描述的分析方法将会在你探索案例的过程中发挥指导作用，并帮助你准备课堂讨论。

5.1.1 识别评估对象

评估需要明确的对象。对象的选取范围很广，包含个人、团队、产品或服务、公司、国家、战略或政策等。评估的目的是获得对于评估对象的价值、绩效、效率或所造成的事件的后果的认知或知识。

通常情况下，案例会明确指出评估对象。以下是一个著名乐队使用非常规手段发行专辑的案例：

> 由乐队和在英国庭院管理公司任职的乐队经理克里斯·霍福德以及布赖斯·埃奇共同构想的营销计划是否是一个好点子？或是如业内人士所认为的，给予了暮气沉沉的音乐行业沉重一击？[1]

---

[1] Anita Elberse and Jason Bergsman, "Radiohead: Music at Your Own Prica (A)," Case 9-508-110 (Boston: Harvard Business School, 2008), p. 1.

上述事例要求对乐队的营销计划进行评估，其目的在于探索非传统营销计划的效果。

5.1.2　选取评估标准

像决策情境案例一样，标准的选取是评估情境案例分析的关键。评估情境案例总是明确指出评估对象，但很少提出评估标准。而标准是以下问题的答案：我在进行评估时应该思考什么？换言之，应以何种标准进行评估？

你应选择与评估对象相关的标准。评价会计问题的标准与管理变革问题的标准区别很大。你的选择将会受评估对象、相关评估概念和准则的影响。例如，净现值可以帮助你评估潜在的投资或收购活动，收入不平等的基尼系数可以帮助评估国家经济健康程度。

在上述乐队的例子中，音乐行业的特殊性将会影响标准选取。在案例发生之时，音乐行业正处于从实体 CD 唱片到电子音乐渠道的深刻转变初期。这一转变的细节情况对于标准选取十分重要。例如，实体与线上的分销经济模式有天壤之别。同时，电子音乐版权的保护成为巨大问题。因为评估对象是一个营销计划，所以营销领域的概念，例如价格、促销和分销渠道等，成了不可或缺的标准来源。

在第 4 章中，所有关于决策标准选取的理念同样适用于评估标准。重复一点：选择可量化的标准是良好的案例分析的起点，能够为接下来的分析提供基础。

评估中有一个重要的条件：总要考虑事物的积极和消极层面。几乎所有的评估都会解释这两个层面，毕竟在现实世界里，完美的事物十分罕见。因此，无论结论好坏，你的分析都需要紧跟证据所指的方向。基于案例的评估鼓励两种对商学院学生（和其他许多领域的学生）具有重要价值的思维习惯：

- 进行中立的分析，即没有预先对结果进行构想的分析。
- 基于牢固的证据而非依靠案例人物观点或惯性思维进行评估。这里的证据是指源于案例的事实、证据、数字、基于数字的计算、图表、对话和陈述、常规知识、你个人的工作经验，或从网页中获取的外部图表。

5.1.3 基于标准分析案例

针对评估对象，基于标准的评估关注与每个标准相关的案例证据，并考虑是否提出了评估对象的积极或消极评价，或二者兼而有之。你的目标是确定积极或消极的评价与标准和证据间的最佳匹配。针对每一个标准的评价都有助于形成对案例的整体评估。

5.1.4 提出评估意见

基于标准的评估的目的是将你所学的知识运用到对案例对象的评估之中。你的立场应同时反映对评估对象积极或消极的评价，不能仅仅通过比较积极或消极孰轻孰重就决定整体评估。你需要得出关于标准的相对重要性的认知，并基于此进行判断。

以下是一个关于市场营销案例的例子，营销战略的失败反映出了积极的一面：

> 营销战略没有达到销售和收入目标，很显然，从这些标准来看，这一战略失败了。但是在战略实施的过程中，揭示了大多数消费者关注的是这个战略所忽视的产品的一个优点。从中学到的知识对于重新定位产品至关重要。

5.1.5 识别突发事件

进行评估时，需要认识到可能对整体评估产生影响的突发事件，如对一个商业模式整体正面的评估可能受到以下突发事件的影响：

> 为了全面建设具有潜力的商业模型，创始人们需要筹集资金。没有更大的投资，他们无法扩建自己的平台。

你应该只关注主要突发事件，即有可能对你的立场产生影响的情况。评估情境案例不要求始终考虑突发事件，但提出突发事件的目的不在于规避或减少可能的对立的观点，其应该代表理论上可能出现的事件，但并不会阻碍你确定最终立场。

5.1.6　提出行动计划

行动计划的目的是改进提升评估对象。根据分析和整体评估，你应该提出行动计划。

假设你对一个领导——一个案例中的主要人物进行了评估。你的评估结果十分积极，然而，你也发现了消极的一面：她厌恶与另外两个比她资历更高的经理工作，这两位经理已经引起了团队间的混乱和不满，因为她们拒绝实施变革行动计划，而该计划得到了多数组员的强烈支持，所以问题团队的绩效出现下滑。你可以建议领导从私人谈话开始，了解经理抵制改变的原因，让这些团队重回正轨。

5.2　例证：阅读和分析一个评估情境案例

为了最大化阅读和案例分析的好处，请阅读《20 世纪 90 年代的马来西亚（A)》。这一例证使用和诠释了第 3 章中提到的阅读问题。

如你所见，对这个案例的分析聚焦大量细节，其目的在于告诉你，通过使用本章所介绍的工具和问题，你可以以何种程度深入探究一个案例。要想成为积极的讨论参与者，你不必了解所有的案例细节。但是，要确保你的分析能够提供足够深入的见解，这样，在课堂讨论中，你就能有所贡献。

1. 阅读《20 世纪 90 年代的马来西亚（A)》案例的开头和结尾，这能告诉你案例的核心情境是什么。

案例具体关注一个被环保组织猛烈抨击的国家——马来西亚。环保组织断言马来西亚的发展战略会毁坏雨林，破坏生物多样性，并且导致全球气候变暖。

在案例的开篇部分，20 世纪 90 年代初，仅独立了 30 多年的马来西亚从“健康”的经济发展和“相对”稳定的政治治理中不断获益。随后，环保主义者开始谴责马来西亚的快速去森林化行为。他们对马来西亚的主要威胁在于可以发动抵制马来西亚木材产品的运动。

在结尾部分“西方木材禁令?”中，案例提出马来西亚最大的木材输出国是东亚国家，而它们可能不会支持抵制马来西亚木材出口的运动。文中也指出总理在联合国的演说中提出，针对马来西亚木材的抵制运动是一场阴谋论：“西方国家联合抵制热带木材的做法，与其说是为了保护森林，不如说是实施经济打压……这只是它们借以减少我国收入的手段而已”。

2. 快速阅读剩下的部分和图表，以确定案例所包含的信息。

案例有三个主要部分。第一部分揭示了马来西亚的基本信息：历史、经济策略和表现、社会环境和政治体制。第二部分介绍了马来西亚的林产品产业。第三部分讨论了国家可能的林木资源管理方式改革，并重启对文章开篇木材禁令的讨论。第一和第二部分的案例资料中包含了多种图表。

3. 请停下！现在是思考时间。案例的核心情境是什么？主要人物需要做什么？主要不确定性是什么？

识别本案例中的核心情境不像《通用汽车：帕卡德电气公司》的最后一段那么简单直接。事实上，案例中没有提及马来西亚做出的任何决策。你得知主要角色，即马来西亚总理正在考虑国家经济策略间的联结、自然资源在其中的定位以及环保组织的批评。

主要角色面对的主要不确定性在于环保主义者的指控是不是客观真实的。如果不是的话，需要做的就是提供相关证明，但这将使案例的复杂性和教育意义大打折扣。你可以假设这个案例值得调查。如果环保主义者的指控是真实的，那么案例的不确定性就会发生偏移：马来西亚应如何回应这些指控?

这一问题的答案一定与马来西亚如何在独立的 30 多年中成功地发展经济有关。马来西亚的经济策略是否因不可持续的伐木而获得成功？为了澄清这一不确定性，你需要评估马来西亚的发展战略。

如果你认为战略是导致问题的原因，总理就可以改变战略以避免抵制运动或无视威胁。然而，一个问题的解决可能会创造一个具有同样威胁的问题。例如，不可持续地使用自然资源将会最终导致经济衰退和政治剧变。

4. 为了回答主要人物需要做什么，并解决主要不确定性，你需要了解什么？将你需要了解的内容记录下来，不要担心会出错。

如何评估一个国家的发展战略？你的确需要使用一些概念和分析工具协助理解经济政策。你是否上过相关课程呢？对本案例而言，宏观经济学为你提供了多样的评估经济策略成效的衡量标准和关键信息，如国家生产总值、通货膨胀率、进出口和收入不平等的基尼系数等。

你通过略读案例，发现另一类标准。案例中部分段落涉及社会环境、政治体制和环境问题。所有这些话题都能成为好的标准，它们通过国家发展策略相互连接。实际上，正是这些错综复杂的因素的交互增加了案例的复杂性。

你有四个暂行标准。它们具有概括性，因此是开展分析的好起点。宏观概念可以帮助精简你的标准列表。接下来，根据每个标准，你可以提出更为具体和有利于分析案例证据的问题。以下是四个标准以及可以引导分析的问题：

(1) 经济。

- 证据是否支持总理提出的政策获得了成功的观点？
- 如果是的话，是否有缺点或容易产生问题的地方？
- 这一政策是否会对国家的林业产生影响？

(2) 政治。

- 政治环境是否如总理所说的一样稳定？
- “稳定”是什么意思？是否存在威胁稳定性的因素？

• 政治体制是否与林业有关联？

（3）社会环境。

• 国家的社会环境如何？

• 社会环境是否稳定？稳定意味着什么？是否存在威胁社会稳定的因素？

• 社会环境是否与林业有关联？

（4）环境问题。

• 马来西亚的林业是不是可持续的？

• 如果是不可持续的，什么原因导致了这一状况产生？

• 如果环境不可持续性存在，政府是否积极采纳了意见，并解决了这一问题？

你已经了解了可能的评估标准，如图表 5－1 所示，现在可以使用“需要知道的问题”来探索案例了。

图表 5－1　你如何评估马来西亚的发展战略

5. 略读案例，在你发现与内容相关的信息的位置做标记或记笔记。

以下是你可能会记录的有关章节，这些章节与有关标准的讨论相联系。

马来西亚：

（1）简要的国家历史。

• 是否与标准相关？历史是否与其他问题，如社会环境或政治体制相关？

（2）经济战略。

• 从独立至 1990 年对经济战略的描述。基本概念：减少低附加值商品出口，增加高附加值商品出口。

• 经济。

（3）社会环境。

• 经济发展是社会稳定的基础。马来西亚是多民族/信仰国家，不同民族间的关系紧张。

• 社会环境。

（4）政治体制。

• 民族联盟主导政治。经济是否能影响政治体制？

• 政治体制。

（5）经济绩效。

• 经济快速增长，财富分配不均衡，劳动力价格导向的外国资本流出。

• 经济。

（6）林产品工业。

• 林产品工业如何运作，对雨林的影响，马来西亚和外部主体的冲突。

• 经济？政治体制？环境？

（7）环境问题。

• 雨林流失的结果，评估雨林砍伐的冲突：外部组织宣称马来西亚砍伐了过多木材，马来西亚官方进行了否定。

• 环境。

（8）林业管理调整。

• 国际组织关于号召减少沙捞越地区木材砍伐的报告，执行缓慢；一些环保组织倡导更激进的行为。

• 经济，环境。

（9）案例资料 2、3、4、5、7、8、9。

• 经济。

(10) 案例资料 6。

- 社会福利。

6. 你已经准备好深入阅读案例了。仔细阅读和分析你所识别出的，与所需了解的信息相关的部分。在分析过程中问问自己，我正在了解的内容将如何帮助我理解案例的主要问题?

这里我将重复在第 4 章中所提到的：在案例中识别可以回答主要问题的证据，对大多数学生而言，是一种难度较高的技能。我认为他们（包括你?）已经习惯于阅读像教科书或其他材料一样，将内容以逻辑性的形式排列的文本了。他们没有准备好阅读类似这类没有严格按逻辑性形式排列的文本。你可以通过学习在案例不同部分的事实是如何被组合、拼凑成为理解案例主要问题的基础的方式，提升自己的案例分析技能。

深入《20 世纪 90 年代的马来西亚（A）》之中，你应该从经济入手，因为这是最有形化的标准。其提供了可以准确支持或反对一个评估立场的数字和计算。

(1) 标准 1：经济。案例中的数据显示，马来西亚的经济战略是成功的。国家享受了平稳的经济增长，在 20 世纪 80 年代，年复合增长率达 5.9%。国内生产总值在 10 年内增长 50%（由案例资料 2 中的数字计算），通货膨胀率（案例资料 5）以及失业率较低（案例资料 5），人均收入显著高于该区域的其他发展中国家（案例资料 7）。

马来西亚政府正致力于经济转型，将依靠如木材的大宗商品出口，转变为高附加值的商品出口。1980 至 1990 年间，包括原木和木材商品的出口额逐年下降，但下降幅度低于其他商品，例如锡。加工商品占所有商品百分比上涨将近 40 个百分点，从 1980 年的 28%上涨至 1990 年的 67%（案例资料 4）。此外，不同于其他发展中国家，马来西亚的外债较少。

除了重要的外国投资，如果马来西亚的工资水平继续增长，那么外国资本将会转向其他低收入经济体。如果马来西亚的经济可以转向高附加值产品和服务出口方向，就可以削弱外资退出的影响。

马来西亚由极具多元化的民族组成，随之而来的是极端的收入不均衡。这种不均衡的差异造成了 1969 年的暴力冲突事件，因为马来人在经济上落后于华人和印度人。政府颁布了新经济政策，以具有民族优先性、经济配额和经济要求的系统帮助提升马来人的经济状况。这一政策取得了成功。马来人的年收入增长率超过了华人，但其增长并不显著（案例资料 6）。新经济政策同样造成了经济发展的扭曲，其要求华裔公司必须拥有马来西亚合伙人，但是，大多数马来西亚合伙人没有在公司中发挥积极作用。

民族分裂和持续的经济不均衡使马来西亚急迫地想扩大经济规模，提升每个民族的经济实力，并抑制民族仇恨的产生：大部分马来人的收入将会继续提高，华人和印度人的经济状况也会更好。

在这一标准下，经济发展战略看起来发挥了作用，并减少了木材出口，如图表 5－2 所示。

图表 5－2　你如何评估马来西亚的发展战略

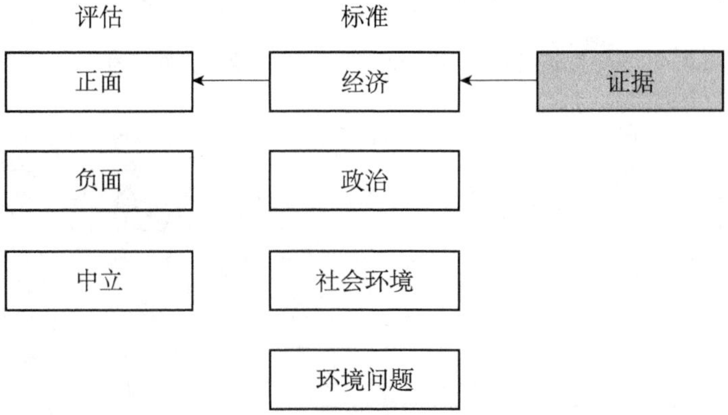

（2）标准 2：政治。“政治体制”一节在案例中十分简短，可能你能得出的最明显的结论就是马来西亚的政治在不同民族间保持了谨慎的平衡。马来人组成了统治国家的联盟，并一直掌握着政治权力。马来西亚虽然不是一党制国家，但这只是因为主导政治联盟的执政党在选举中不断变化，而政治联盟的核心，即马来民族统一机构，在政治联盟中占据主导地位，始终没有变化。

马来西亚具有民族多样性。遗憾的是，收入不均衡的问题在民族层面最为明显，这导致了政治紧张、社会分化和暴力事件。大部分马来人一直是社会中最贫困的阶层（案例资料6）。

政治联盟投票通过将新经济政策编入宪法，减少了收入不均衡的状况。这一法律将少数华人和印度人的财富转移给马来人，但并没有使华人和印度人成为贫困人口。他们得以保有商业财产，收入也在1980至1990年间持续增长（案例资料6）。这一经济战略使得所有民族的人口都实现了收入增长。

马来西亚的发展战略使得新经济政策的运行符合预期。如果这一战略因木材出口的突然减少而改变，尽管影响范围可能较小（从案例资料4中推测），但是将会严重伤害沙捞越地区的经济发展，因为其对原木出口的依赖程度高于其他地区。沙捞越地区主要由马来人占据，而他们拥有全国最高的收入增长率（案例资料6）。

新经济政策的成功确保了国家政治方面的发展战略是积极且富有成效的（见图表5-3）。

图表5-3　你如何评估马来西亚的发展战略

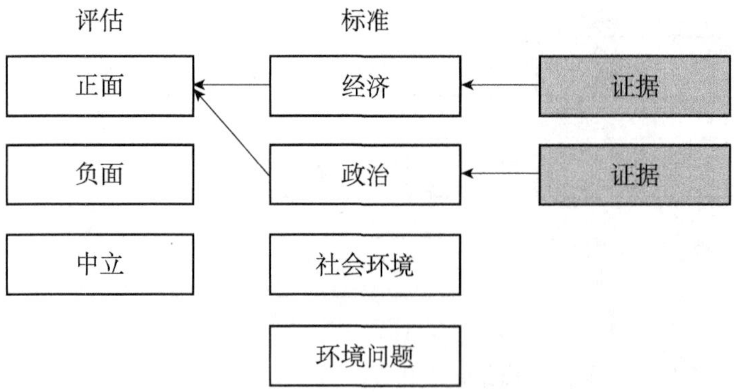

（3）标准3：社会环境。社会环境部分所包含的信息有限。没有关于健康、教育、住房或就业的信息。案例包括了有关国家人口构成的信息，可以和案例中的经济数据相联系。然而，社会福利却依靠经济稳定、潜在经济机会的把握以及对暴力事件的预防措施——这关乎所有居民的安全。

1969年的暴力伤亡事件威胁到了民族间的微妙关系。极具危害的暴力事件本可能挑起马来西亚的内战，但内战最终并没有发生。从新经济政策实施开始，马来人享受了家庭年收入2.7%的增长率，相比之下，华人只有1.4%，印度人只有2.0%（见案例资料6）。虽然在绝对情况下，收入不均衡情况仍然存在，但是，提升所有民族的经济繁荣程度保证了社会的稳定，这也成为经济增长的基石。

尽管马来西亚没有如新加坡或韩国等国家和地区一样的经济绩效表现（见案例资料7），但这些国家和地区拥有同质性的人口以及马来西亚所没有的其他优势。国家的经济政策提升了人口的社会福利。话虽如此，新经济政策也导致了低效率经济的产生：马来人可以在毫无贡献的情况下在少数企业中获得高额收入。这一政策安排致使腐败和仇恨的产生。

尽管种族分裂可能导致社会冲突，发展战略依然对社会环境产生了正面影响（见图表5-4）。

图表5-4 你如何评估马来西亚的发展战略

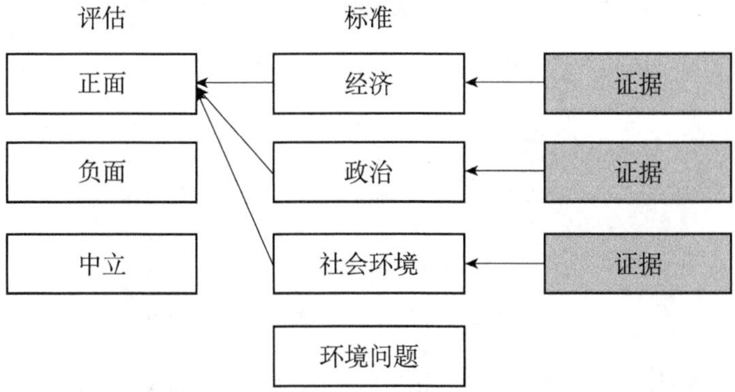

（4）标准4：环境问题。马来西亚政府承认，马来西亚的整体木材砍伐已经超出了ITTO建议的范围。滥伐森林的事实已经板上钉钉，的确，马来西亚砍伐了过多的树木。然而，它拥有全世界2%～3%的雨林，并且其木材出口量正稳步下降，这与减少对大宗商品出口依赖的经济政策相符。

抵制木材出口的行动是否会伤害马来西亚？这可能不会对进口马来

西亚木材最多的日本企业产生影响。一方面，不可持续的伐木活动最终将损害马来西亚的经济；另一方面，滥伐森林同样会导致水土流失和洪水频发，这将产生全球范围内的连锁效应，包括生物多样性的减少和全球变暖加剧。目前的经济政策可能会对马来西亚的未来发展前景造成损害。

在这一标准下，发展战略看起来具有负面性（见图表 5-5）。

图表 5-5　你如何评估马来西亚的发展战略

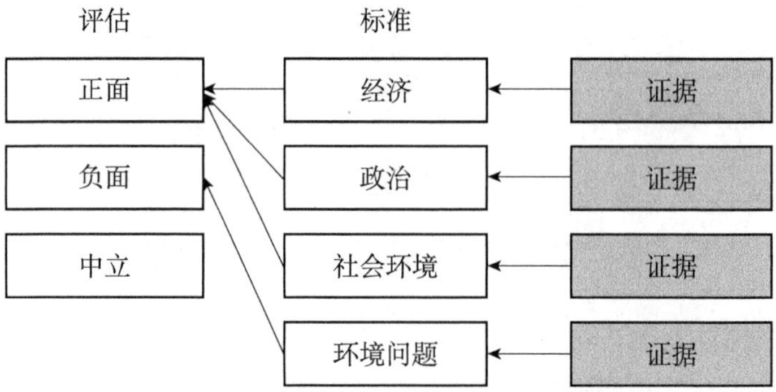

你的分析过程还没有结束。

案例的末尾提出了一个问题，并详细探究了林产品工业。这些细节值得分析吗？你需要在继续分析时牢记你正在试图理解一个意图使马来西亚受益的经济选择系统。理解林产品工业如何与这些经济选择匹配将深化你对发展战略的评估。

当你仔细阅读这些材料时，你发现以下线索：

- 国家对为本土木制品工业服务的木材砍伐活动提供激励。基于你对前文数据的分析，这些激励措施在一定程度上奏效。
- 然而，国家对在国有土地上进行木材砍伐的许可系统，让主要民族成员——往往是拥有极高权力政客的亲属们获得了更多权力。这种情况是滋生腐败的温床：政客们通常会要求收取森林砍伐权的回扣。
- 伐木许可系统的本质是以盈利为目的的，其鼓励尽可能多地砍伐木材以获取更多资金。
- 马来西亚和沙捞越州政府邀请国际组织评估林产品工业，该组织建议减少 50%的木材砍伐，并且在限制伐木方面投入更多资金。

- 官僚主义阻碍了对伐木活动的限制，伐木业仍保持不可持续的发展趋势。

沙捞越的许可系统对其他三个标准产生了影响。由于管理方式存在问题，马来西亚的经济效益受到了负面影响。该系统鼓励腐败和超出可持续范围的伐木，因为政府没有在沙捞越地区限制伐木。这也与国家从大宗商品出口到高附加值产品出口的战略转变相对立。在社会层面上，其保证了民族间的和平，因为所有民族都享受了收入增长。在政治层面上，其为本地马来人和日本木材客户的利益服务。

沙捞越地区的情况揭示了国家发展战略中的缺陷。其减少了收入不均衡的现象，但是却导致了阻碍经济发展的腐败的滋生，阻碍了从大宗商品出口向高附加值产品出口转变的策略，忽视了马来西亚和全世界意图保护无价的自然资源的努力，导致经济发展的长期利益受损。然而，政府愿意邀请国际组织评估区域内的伐木状况，这是一个积极的信号。

整体而言，其将会产生负面影响（见图表 5－6）。

图表 5－6　你如何评估马来西亚的发展战略

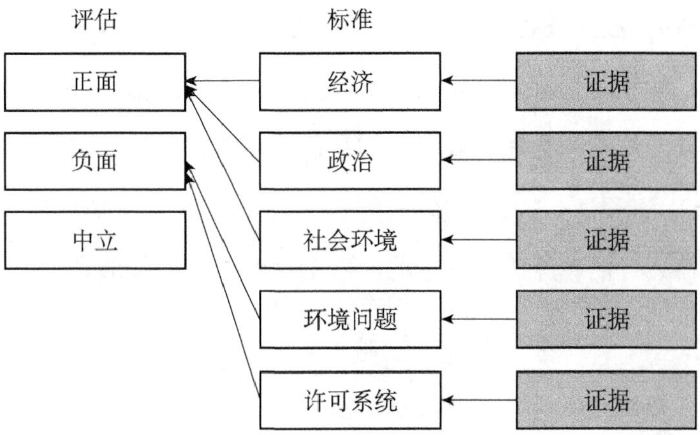

7. 你最终的目的是依托案例中的证据，得出关于案例核心问题的结论或立场。请牢记，一个案例通常没有客观的正确答案，有可靠证据支持的答案才是最好的。

前三个标准的结论表明，对发展政策的评估是正面的。对第四个标准环境问题的评估是负面的。短期而言，环境问题和新经济政策所导致的经济混乱没有其在经济、政治和社会方面所带来的益处重要。总体而言，这些结论支持了正面的评估结果。

你将整体的评估状况记录下来：

> 马来西亚的发展战略有效地推动了经济增长和政治稳定。其提供了限制伐木和原木出口的激励措施，尽管其在沙捞越地区并不奏效。

那么，是否存在负面或中立的评估呢？负面评估要求经济政策对马来西亚是极具危害的，并且会导致全球雨林的破坏。上述任何一种情况都没有被证据支持。新经济政策不是进一步增强收入平等的完美解决机制，但是比其他会造成民族冲突的选择更为有效。伐木许可系统容易导致腐败和过度砍伐，但是政府已经认识到了问题所在，并愿意努力开发新的系统。

一个中立评估意味着正面和负面的结论是均衡的，这并不准确。

那是否存在突发事件呢？新经济政策中存在导致自我毁灭的倾向。财富的传递不依据劳动价值，而是根据民族身份，这最终将导致经济衰退。新经济政策和伐木许可系统也会产生腐败。由于以民族身份为基础的政治体制的存在，暴力、混乱等冲突事件出现的危险性将一直存在。

在本案例中，在整体的积极评估中加入突发事件容易让人对评估失去信心，但这是值得一试的。以下是你可以借鉴的评估形式：

> 长期发展依靠三方面因素：政府必须停止不可持续的伐木和木材出口，需要找到能够改善经济平等但不会导致财富在民族间转移的方式，应该探索减少政治团体的民族性的做法。

8. 你所选择的立场支持何种行动计划？需要何种行动计划？

案例评估的重要延伸就是行动计划。行动计划的目标是改善评估对象的情况。你会建议什么行动？提出行动计划的最好的方式是慢慢分解步骤，将其分为长期和短期计划。以下是关于马来西亚案例的一些基于你的结论和突发事件的行动计划：

(1) 短期计划。

- 召开国家和地区的官方会议。列出目前的伐木许可系统对国家经济战略的潜在风险。特别关注腐败情况的出现。

- 寻求伐木许可系统的创造性修复方法。讨论本地人口如何从系统中获益。可以向许可持有者给予何种激励以促使其支持可持续伐木？

- 与沙捞越州政府进行磋商，讨论改善原有伐木许可系统的可能性。

- 计划开启从原有系统到全新系统的转变时期，应关注制定可落实的计划以及建设可以监管伐木许可结果的国际审计系统。雇用国际环保组织设计审计系统，并鼓励环保组织为如何在不滥伐森林的地区创造收入建言献策。

(2) 长期计划。

- 坚持从伐木产品出口转移至高附加值工业产品出口，如家具制造的出口策略。

- 告知公众，为保证马来西亚经济的持续发展，公众需要接受教育，进行自我投资。新经济政策不是一个永久政策，教育投资将帮助大多数公民学习技能，并使其积极参与经济建设。与基于民族、具有偏向性的政策相比，这是更好的实现经济发展的政策。

- 把握产品和服务更加多元化的机遇，为不同产业中的高附加值初创企业提供资金。培训投资将会帮助马来人获得参与初创或成熟企业活动的技能。

- 在国家层面执行限制伐木的活动，减少因腐败所产生的负面影响，并加大对过度伐木的惩罚力度。

- 继续监控国家经济战略的执行情况，并在必要时进行调整。

第 6 章

如何分析问题诊断情境案例

为什么在一个竞争激烈的行业中，一个公司会取得成功，另一个公司会出现经营问题？为什么国家整体经济会突然下滑？为什么一项看起来没有潜力的服务会腾飞，成为价值数十亿美元的产业？为什么拥有一个被高度评价并且获得权威投资者资金支持的商业计划的初创企业会失败？

我们假设这些结果不是随机出现的，运气不是导致最终结果发生的唯一因素。虽然运气的确发挥了一定作用，但是如果这是唯一的影响因素，那么商学院所教授的课程便没有了任何意义。在事件最终的结果中，有一种潜在的因果逻辑，这个逻辑究竟是什么？有一类案例情境的目的就是解决这一问题：理解、解释某些事情发生或正在发生的逻辑。

让我们从认识问题诊断情境中的问题部分入手。

案例中问题的出现有果必有因，这些原因包括：以往的行动、现有的流程、所开展的活动，以及各方力量的角逐等。案例中的许多问题关注反常态商业：绩效较差的管理者，没有达到目标的变革举措、违反法律或道德的企业行为等。

理解企业为什么会成功同样重要。加拿大的一家医院是著名的哈佛商学院案例关注的主体。这家医院只做了一件事情：通过手术的形式治疗疝病。其医疗、财务绩效以及消费者满意度在几十年中都表现得十分出色。在这个案例中，问题在于医院所获得的卓越的成绩远超其他传统医院，而使其获得持续成功的原因却不清晰。

问题可能出现在完全成功到完全失败间的任何一点。

对于读者来说，理解案例的主要问题是很棘手的。要考虑主要角色必须做什么可以帮助你确定问题诊断情境。在某些情况下，主要角色或其他重要角色知道问题所在。例如，英国一家处于领先地位的公司的总裁投资了一种创新产品，他确信这种产品将改变整个行业。然而，第一年该产品的销售业绩惨淡。总裁敏锐地意识到了这个问题：他曾寄予厚望的产品却令人大失所望。他需要做什么？在他行动前，必须明白产品为什么会失败。

然而，有时主要角色几乎不会意识到问题所在。在一个以墨西哥为背景的案例中，主要角色是一位高管，她对公司押下重注的一家企业的未来充满信心，但当你站在她的立场审视这家企业时，你会发现，这家新企业实际上经营得很糟糕。在这种情况以及其他类似情况下，下一个任务是提问，造成这种情况的主要不确定性是什么？在这个特殊的案例中，理解为什么新业务表现不佳就是答案。你还可以加上第二个不确定性提问：为什么这位高管在面对坏情况时仍然如此自信？

让我们转到问题诊断情境的诊断部分。

正如前面定义的，一个问题有可能由一个原因导致，或者更有可能是多个原因共同作用的结果，诊断将问题与其主要原因联系起来。也许最常见的诊断例子是你自己曾经历过的：你生病去看医生，此处的问题就是你感觉不舒服。通常，问题的定义同样简单明了：

- 新产品的销售额远低于预期。
- 公司部门绩效较差。

当然，你必须依据某个参考点来告诉你什么是问题，什么不是问题。当你因为生病去看医生时，你的标准是当你感觉良好时的感觉。当新产品的销售令人失望时，标准是为该产品生成的销售预估。当你发现一个公司或部门做得不好时，你的标准可以是之前的财务绩效或市场表现，以及公司顶尖人才的历史保留率。

当你生病时，医生的工作就是诊断你生病的原因。为了做到这一点，她需要对这个问题了解更多。她需要收集与身体不适有关的证据，她会向你提问，你告诉她你觉得鼻塞、流鼻涕、打喷嚏、咳嗽、身体疼痛和头痛。医生对你进行检查，发现你的喉咙发红，肺部充血。她正在有条不紊地收集证据，并确定它是否符合某种病因（某种疾病）的特征。她告诉你，你得了感冒，这是最符合她判断的证据的疾病——这就是医生的诊断。

问题诊断的最大好处是，它为解决问题或减轻问题的负面影响提供了可能的解决方案。在问题得到准确诊断之前，任何解决问题的行动在本质上都是摸着石头过河，如果你很幸运，准确猜出了应该做出的行动，这将有助于解决问题。但大多数时候，这种情况不会发生。虽然目前还没有治愈感冒的方法，但医生会告诉你如何缓解感冒的症状：多喝水、保证充足的睡眠、服用止痛药来缓解头痛。

简而言之，当你在一个案例中遇到问题诊断情境时，请设想你是一名医生。你识别问题，收集有关问题的证据，通过将证据与原因特征匹配以诊断症状，并提出问题的解决方式。

你的老师可能不会使用本章中的方法讨论问题诊断情境案例，他将用自己的方式来指导讨论。尽管如此，本章的概念将帮助你更深入地理解案例，这将有助于你的课堂讨论。

6.1 问题诊断情境案例分析的四个要素

问题诊断情境案例的分析有四个主要因素：

- 识别诊断问题。
- 分析因果关系。
- 进行整体诊断。
- 提出行动计划。

本章说明了上述要素，并提供了与之对应的例子。在本章的第二部分，将运用第 3 章所述的阅读问题来分析《阿伦敦物资公司：电子产品分部（删节版）》。

6.1.1　识别诊断问题

如前文所述，分析案例中的问题诊断情境首先应识别要诊断的问题。你可以通过询问主要角色要做什么以及导致案例问题的主要不确定性是什么来做到这一点。一位公司的新高管告诉经理要落实一项旨在降低制造成本的新政策，但经理却没有落实该政策。案例中的主要角色——高管——必须明白他们为什么不落实该政策。主要的不确定性是：落实这项政策为什么会失败？

6.1.2　分析因果关系

案例中问题的出现有果必有因。诊断是一种分析，旨在确定造成问题的主要原因。有时，这种类型的分析被认为是逆向思考：你必须从问题推理到原因。

如果你阅读过前面关于决策和评估情境的章节，你就会知道分析工具——概念、理论和框架——对于理解案例场景十分重要。当问题是公司的财务状况不佳时，会计原则可以帮助你诊断出导致问题的原因，比如库存过多。我们在本章的案例分析中使用了关于领导力和团队的概念来帮助确定导致部门绩效恶化的原因。

有时，你可以快速判断，在问题诊断情境中应该使用什么分析工具。一个关于会计的案例可能需要与问题最相关的会计工具。一个关于公司在某一行业占据主导地位的案例表明，波特的五力模型或类似的战略框架将是有用的分析工具，因为这些工具能帮助我们了解该公司如何获得长期竞争优势。判断一个领导者的绩效好坏与否，需要一个与有效领导相关的框架。

但有时，一个案例可能并不能提供最牢固的线索，帮助你找到具有最大解释力的概念或框架。对此，你应该做什么呢？最好的建议是像医生那样：收集证据，寻找可能的病因症状，然后用分析工具进一步调查这些病因。本章中用于演示问题诊断的案例需要这种方法进行分析。一个公司正遭受业绩不佳之苦，案例中有很多关于组织领导和关键部门的信息，但目前还不清楚它们是否都导致了绩效问题的出现，如果有，它们如何导致了该问题？

无论是在案例中还是在现实世界中，诊断问题都需要耐心。在决策情境中，需要做出的决策几乎总是在案例中被陈述。在问题诊断情境中，你负责识别问题和导致问题产生的主要原因。你很可能需要深入研究案例证据，以重新回答什么导致了问题的发生，并确定哪些概念工具可以帮助你。然后你可以进行分析，从而得出诊断结果。

究竟需要多少原因才能得出一个问题的诊断结果？这是一个没有确切答案的重要问题。案例中出现的复杂问题通常由多种原因导致。但基于很多原因做出的诊断难以把握问题精髓，也难以采取对应行动。如果你发现有一个列表，例如，其中包含10个原因，考虑一下其中的一些原因是否可以包含在一个更宽泛的原因中。例如，假设你有几个与团队相关的原因，你可以将它们升华至更宽泛的原因——团队绩效或团队效率中。

因果关系往往难以得到高度肯定的证明。即使是有科学证据支持的因果关系，比如有史以来最强大的生物恐龙，为何会在进化的历史时间线上突然消失，也存在很大程度的不确定性。由于人类行为而产生问题的原因可能具有更高的不确定性。案例反映了现实世界的问题，这些问题往往是混乱的。然而，现实世界经常要求我们尽可能多地理解有问题的结果或事件。对概念和框架的谨慎使用可以保证诊断结果的不确定性在可接受范围之内。

但还有另一个因素需要考虑，现实世界问题的当务之急是解决这些问题。对于一个受到慢性问题损害的公司而言，问题诊断对于消除或减轻问题是必要的。忽视一个严重且持续的问题比做出一个可能不是100%准确的诊断的风险要高得多。此外，在现实世界中，存在一个反馈系统，它可以告诉你诊断有多准确：基于此诊断的行动计划是彻底解决了问题、部分解决了问题，还是没有解决问题？这个问题的答案关系着诊断的调整和一系列新行动的展开。

当在课堂中研究案例或在现实世界中工作时，你的任务是提供最好的诊断——使用合适的分析工具，并以证据为基础做出分析。

6.1.3　进行整体诊断

一旦进行了分析并确定了案例中描述的问题的根源所在，就可以开始整体诊断，对原因进行总结。在问题诊断情境中，这一步为你提供巩固对该案例的了解的机会。你可以选择立场，总结你的关键分析结果，包括问题及导致问题的最关键的原因。

6.1.4　提出行动计划

问题诊断的目的是指导你提出适当的行动计划来解决问题。一旦你确定了导致问题的主要原因，下一个任务就是考虑消除或减轻问题带来的影响的行动：紧急的短期行动和实质性的长期行动。由几个原因导致的难题通常不会在一夜之间解决，往往都需要长时间的努力。例如，改变一个公司有缺陷的文化的举措不会迅速奏效，这需要在很长一段时间内——从现在到几个月甚至几年后——按部就班地采取行动。

6.2　例证：阅读和分析一个问题诊断情境案例

如果要获得阅读和分析案例的最佳学习效果，请先阅读《阿伦敦物资公司：电子产品分部（删节版）》。例证说明并利用了第 3 章中描述的阅读问题。

如你所见，对这个案例的分析聚焦大量细节，其目的在于告诉你，通过使用本章所介绍的工具和问题，你可以以何种程度深入探究一个案例。要想成为积极的讨论参与者，你不必了解所有的案例细节。但是，要确保你的分析能够提供足够深入的见解，这样，在课堂讨论中，你就能有所贡献。

1. 阅读案例《阿伦敦物资公司：电子产品分部（删节版）》的开头和结尾，这能告诉你案例的核心情境是什么。

电子产品分部是一个问题重重的部门。在过去2年中，该部门的财务绩效大幅下滑，销售额停滞不前（案例资料1），1991年营业收入暴跌63%，1992年与上年基本持平（案例资料1）。电子产品分部所处市场竞争激烈，该分部已经进行了裁员，总经理唐·罗杰斯告诉读者，“组织内部无法做到齐心协力”。电子产品分部的管理人员说，不良的经营环境是导致其业绩不佳的原因。罗杰斯怀疑，其他因素也导致电子产品分部的业绩下降，不过他不确定是什么原因。

2. 快速阅读剩下的部分和图表，以确定案例所包含的信息。

这个案例有五个主要部分。前两部分提供了阿伦敦公司和电子产品分部的背景。第三部分介绍罗杰斯在电子产品分部的工作经历，其中包括有关他的领导成效的证据。第四部分描述了电子产品分部四个主要部门的当前状况，包含有关它们绩效情况的信息。最后一个部分的重点是产品开发，这似乎表明对电子产品分部而言，这是一个重要的职能。现在你拥有了关于案例关键信息所在位置的地图。

3. 请停下！现在是思考时间。案例的核心情境是什么？主要人物需要做什么？主要不确定性是什么？

理解核心情境的一个关键策略是提问：主要角色需要做什么？罗杰斯知道电子产品分部中存在问题。该分部的绩效远低于几年前的水平，他在公司内部看到了许多令人不安的问题。然而，他不知道导致问题的原因，也不确定他需要做什么。识别核心情境的第二个方法是提问：导致案例问题的主要不确定性是什么？罗杰斯不知道该部门为何陷入困境。这两个方法都确认了本案例是问题诊断情境案例。

4. 为了回答主要人物需要做什么，并解决主要不确定性，你需要了解什么？将你需要了解的内容记录下来，不要担心会出错。

你需要知道以下两件事：

- 案例中出现的具体问题是什么？
- 可能导致问题的原因是什么？

(1) 问题。根据案例第一部分和最后一部分的信息，你可以大致地定义问题：电子产品分部的绩效正在下滑，而该公司也似乎陷入了麻烦。你最好将问题的定义简单化，因为其越复杂，你就越难发现可能的原因。

(2) 原因。此案例的核心人物是唐·罗杰斯。他当然知道，外部环境损害了电子产品分部的经营绩效，但他不认为这是导致问题的唯一原因。究竟何种因素造成了问题的出现呢？

在核心情境是问题诊断的情况下，与案例主体相关的外部因素（例如个人、组织，甚至国家）通常对问题的出现影响重大。在本案例的背景中，这一观点似乎正确：案例的第一部分显示，市场剧变对电子产品分部的经营产生了影响，因此这是一个值得探讨的话题。你还从罗杰斯那里了解到，电子产品分部的士气低落，内部冲突不断，缺乏协调。你应该探究这些内部问题，包括罗杰斯做了什么或没有做什么，看看他的行为是否影响了部门的绩效。现在你可以写下一系列的问题来指导你的诊断：

1) 外部原因。

- 它们是什么？它们对电子产品分部的工作绩效有何影响？

2) 内部原因。

- 唐·罗杰斯：

他是否导致了这个问题？

你知道有什么领导力理论框架可以帮助你回答这个问题？

- 电子产品分部各部门：

它们是否导致了这个问题？

你知道有什么框架可以帮助你回答这个问题？

- 企业文化：

乔·贝内特塑造的文化对电子产品分部的困境有何影响？

5. 略读案例，在你发现与内容相关的信息的位置做标记或记笔记。

以下是你在阅读本案例的各个部分时可能会记下的笔记。

阿伦敦物资公司：

(1) 电子产品分部及其历史。

- 电子产品分部竞争的市场发生了重大变化：竞争变得激烈，产品价格下降，产品开发成为一个关键职能。贝内特是一位有权力的独裁领导人，他富有创新精神，为电子产品分部做出了所有关键的决定，电子产品分部的工作人员都在没有异议的情况下执行了这些决定。他起草了一个组织发展计划，但因为他的去世，这一计划并没有完成。
- 外部原因，领导换届，文化。

(2) 唐·罗杰斯走马上任。

- 罗杰斯有技术专家的背景，管理经验有限，但为人开朗，通常让他人参与决策。他主导了所有的会议讨论，并且是一个糟糕的倾听者，也不让他人对具体工作负责。他不知道团队之间存在不同的激励机制。在公司的敦促下，他将电子产品分部的大本营、市场开发团队和产品开发经理带到阿伦敦，除了产品开发经理外，更换了所有的高级经理，并取消了贝内特的组织发展项目。
- 罗杰斯的领导力，领导力的差异，文化。

(3) 1992年度职能部门回顾。

- 多年来，制造部门一直为公司输送领导者，在所有部门中占据主导地位。它的薪酬激励与公司净利润有关，但与所提供的服务无关，这与其他三个部门的激励措施不同。市场营销人员大多缺乏经验，被各种职责和任务压得喘不过气来，虽然在产品开发中扮演着重要角色，但却没有做好完成工作任务的准备。尽管市场环境发生了巨大变化，产品价格下降，导致净利润降低，这与制造部门的薪酬激励背道相驰，但公司没有因此改变薪酬激励标准。销售部门的薪酬激励与产品销量挂钩，但这与营销和制造部门的薪酬激励产生矛盾。产品开发部门与营销和技术支持部门的薪酬激励也存在冲突。

- 电子产品分部各部门。

(4) 新产品开发流程。

- 新产品开发一片混乱，什么都没有完成。约有 20 名相关经理参加新产品开发会，经常有部门员工被带入会场，以对部门经理无法解释的工作进行说明。会议没有讨论或解决问题，也没有对开发日程计划达成共识。
- 罗杰斯领导的电子产品分部各部门。

(5) 案例资料 1。

- 外部原因。

(6) 案例资料 2。

- 与任何可能的原因相关？

(7) 案例资料 3。

- 与任何可能的原因相关？

6. 你已经准备好深入阅读案例了。仔细阅读和分析你所识别出的，与所需了解的信息相关的部分。在分析过程中问问自己，我正在了解的内容将如何帮助我理解案例的主要问题？

正如我在第 4 章和第 5 章中提到的，在案例中识别可以回答主要问题的证据，对大多数学生而言，是一种难度较高的技能。我认为他们(包括你?) 已经习惯于阅读像教科书或其他材料一样，将内容以逻辑性的形式排列的文本了。他们没有准备好阅读类似这类没有严格按逻辑性形式排列的文本。你可以通过学习在案例不同部分的事实是如何被组合、拼凑成为理解案例主要问题的基础的方式，提升自己的案例分析技能。

你已经定义了问题，并准备调查导致问题的内部和外部原因。当你浏览案例并做笔记时，你会发现另一个潜在的内部问题。电子产品分部前任经理贝内特与罗杰斯截然不同，这种差异是否与问题有关？

(1) 外部原因。

正如你从案例的第一部分所了解的，电子产品分部的绩效在过去两年大幅下降。近期，该分部经历了前所未有的激烈竞争。随后，电子产品分部所服务的市场突然转向，聚焦于低价和低利润产品，并且出现了多个竞争对手。你可以推断电子产品分部并没有做好竞争的准备。正因目前市场利润最高的产品是新产品，但电子产品分部的产品研发过程几乎停滞不前，导致电子产品分部在竞争中处于不利地位。最后，公司总部制定了“激进的利润目标”，似乎没有考虑到行业的巨大变化。

外部商业环境发生变化并不罕见。健康的公司可能很难快速对这些问题做出回应，但它们并不指望当前的状况会永远持续下去。它们通常会寻找变革的机会，当机会来临时，便会齐心协力，做出调整。市场的转变似乎令电子产品分部感到意外，分部做出了一些艰难的改变，比如解雇一些关键员工。为何电子产品分部会如此反应呢？

（2）内部原因。

1）唐·罗杰斯。在“唐·罗杰斯走马上任”一节中，你了解到他拥有强大的技术背景，但是管理经验相对缺乏。然而，他被任命负责一个拥有近千人的组织，其中包括经验丰富的经理。他目前没有接受相关领导力训练，而且他似乎与下属保持着若即若离的关系，这通常是因为他在其他地方办公。有足够的证据指向他的领导问题，可以考虑使用分析工具，来组织证据并指出原因。

2）电子产品分部各部门。要了解分部团队中发生了什么，请阅读“1992年度职能部门回顾”一节。很明显，制造、市场和销售部门会因为各种各样会降低部门绩效的问题互相指责。例如，市场部门认为电子产品分部产品研发部门的工作重点是错误的。市场部门还认为，制造部门没有承担参与竞争所导致的潜在风险。对冲突团队的观察需要使用定义团队有效性的框架，这可能有助于解释为什么这些团队会发生冲突。

这里有个先有鸡还是先有蛋的问题。是糟糕的领导导致了团队问题，还是团队问题阻碍了罗杰斯的领导？还是两者都会导致恶性循环？

3）文化。你得知分部前领导者乔·贝内特是一个专制独裁者。他的领导风格对公司产生了以下影响：首先，所有重要的决定都是贝内特做出的，因此他的下属经理习惯于接受命令，而不是自己做决定，也不是和同事一起做决定；其次，在贝内特的领导下取得成功的人具有明显的官僚主义作风，且易于被操控。

罗杰斯曾在总公司工作，那里的运作模式如同一个“紧密联系的家庭”。没有什么正式的等级制度，所有不同级别的人都在讨论业务问题。罗杰斯在电子产品分部的行为表明，他没有意识到自己所处的文化环境是不同于总公司的，因此他不会扮演最终决策者的角色，也不会将这种文化转变为推崇权力下放和关注决策制定过程的文化。

你现在有了一幅关于导致电子产品分部绩效问题的潜在原因图（见图表 6－1）。

图表 6－1　造成电子产品分部绩效问题的原因

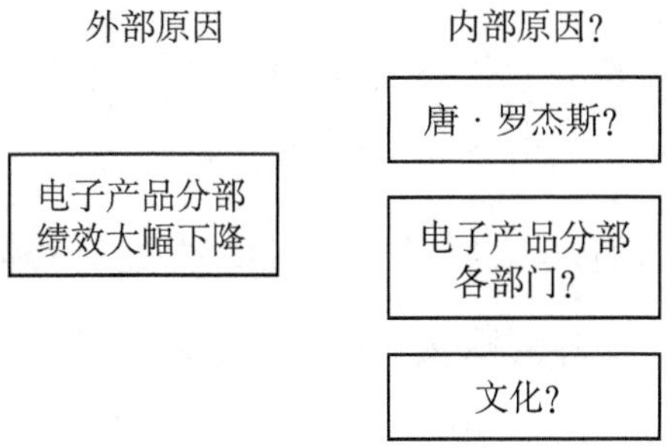

你已经了解了许多关于罗杰斯、他的领导力和职能部门的信息。因此，你修改了关于需要知道什么的问题。现在你提出了有关罗杰斯的领导力和他的团队的具体问题：

罗杰斯的领导是否会导致问题的出现？你知道可以帮助你回答这个问题的领导框架吗？

电子产品分部的职能部门是否会导致问题的出现？你知道可以帮助你回答这个问题的框架吗？

文化在问题中扮演了什么角色？文化是否会导致问题的出现？

请牢记，与案例主体相关的概念和框架可以帮助你进行分析。要分析罗杰斯的领导力，你要注意到，该部门遭受了巨大的市场压力，并处于领导者更替时期（前领导者已去世），因此，环境变化的相关概念可能有助于案例分析。约翰 · 科特的八步变革模型是著名的组织变革框架：

- 创造紧迫感。
- 组成强力联盟。
- 创造变革愿景。
- 交流传递愿景。
- 移除变革障碍。
- 创造短期胜利。
- 以变革为基础。
- 改变企业文化。

考虑到该案例中部门团队的关键角色，你的分析还可以使用描述团队有效性的框架。你可以使用来自谷歌的框架，该框架定义了谷歌高效能团队的特点：

- 心理安全：团队成员觉得冒险是安全的。
- 可靠性：按时高质量完成任务。
- 结构和清晰度：团队有明确的角色、目标和计划。
- 意义：工作对团队成员很重要。
- 影响：团队成员认为自己的工作很重要，并在工作中发挥了作用。

你可能想知道如何使用以上两个框架（共计13个概念）来分析该案例。大多数框架都被设计用于不同场景的分析——也就是说，你应使用适用于特定情况的部分框架。因此，当你使用科特的框架时，你是在寻找帮助你理解罗杰斯角色的相关部分。你应该以同样的方式使用来自谷歌的框架：只使用帮助你理解案例事实的相关部分（注意：选择这两个框架是为了说明它们将如何帮助你分析这个案例。有很多其他框架也可以达到同样的目的，老师会让你使用他认为有效的框架）。

（3）罗杰斯的领导力：他的领导力是否导致了问题的出现？

罗杰斯被提拔到了一个问题严重的分部，该分部所服务的市场的竞争条件发生了巨大的变化，需要分部范围的广泛响应。罗杰斯有丰富的技术知识，但缺乏重要的管理经验。阿伦敦的管理层将他置于一个即便是最有经验的领导者都难以应付的危险境地，这是不公平的。他很不幸地接替了贝内特，贝内特是一位权威型领导，他塑造了该分部，使其符合他的领导风格。他做出了所有的决定，分部团队执行这些决定。这一招之所以奏效，是因为贝内特才华横溢，不停地寻找新产品和新市场，而且在分部中有足够的才能把事情做好。

罗杰斯上任后，似乎并不知道或并不关心贝内特对电子产品分部造成的影响。他没有询问该部门目前的文化以及他的领导风格是否会与之冲突，但考虑到他缺乏经验，这并不令人意外。他提倡赋予团队决策权，但并没有具体实施计划。且对于电子产品分部的各部门而言，它们并没有准备好承担决策的责任，因为前领导人贝内特没有赋予它们这种权力，也没有在培育这些能力的方面给予指导。罗杰斯参加会议，分享他的专业知识，但却不善于倾听，也没有试图帮助解决冲突。在产品开发会议上，他似乎把自己视为技术顾问，而不是负责产品研发的领导者。

他在组织结构和人员上做出的调整显然是错误的，因为这些变动不能满足分部的需要。他把电子产品分部的大本营搬回公司，使管理层与基层员工分离，且不常出现在电子产品分部的办公地点，这妨碍了他建立关系和联盟，也妨碍了他获得信任和加快变革。他在空间上把职能部门分开，最糟糕的例子就是把市场和销售职能分开。市场人员都是年轻的、没有经验的员工，非常需要销售方面的市场知识。罗杰斯在部门面临危机的时候解雇了几乎所有有经验的经理。从本质上说，他分散了组织，替换了大部分管理团队。罗杰斯实际上是在领导一场变革，显然他没有意识到自己在这样做。这个案例没有揭示为什么罗杰斯在短时间内做出了这么多根本性的改变。他是想通过解雇贝内特雇用的经理来树立自己的权威吗？他把电子产品分部的大本营迁往公司总部，是否想削弱电子产品分部的独立性？

使用科特的框架来解释变革，你将了解罗杰斯如何对电子产品分部的问题产生影响。

1）创造紧迫感。尽管电子产品分部的财务、服务绩效表现均大幅下滑，罗杰斯却没有采取任何措施以激发员工的紧迫感。事实上，他所做的恰恰相反，他参加产品开发会议，严格关注技术细节，而没有提出任何激励成员解决分歧、推动项目向前发展的举措。他显然没有提出电子产品分部严重缺乏生产力。

2）组成强力联盟。领导者需要合作伙伴来创造变革。罗杰斯经常不在部门工作，而是专注于总公司的项目。这就减少了他在部门内部建立关系的时间，这隐晦地表明，对他而言，总公司的项目至少和他在电子产品部门的领导地位一样重要。他抛弃了经验丰富的经理人，这些人原本可能是他的盟友。案例没有提供任何证据表明，他曾主动与职能部门的经理和员工接触。他似乎是孤立的，且没有意识到这一事实。他并没有摸清部门的“脉搏”。

3）创造变革愿景。电子产品分部的业务市场已发生根本性转变，管理层也出现重大人员变动，部门分散在多个办公地点。贝内特不需要为电子产品分部员工创造和推销愿景，因为所有主要决策都是他做出的。该部门显然需要一个统一的愿景，使每个人都朝着同一个目标前进。分部并没有提供一个愿景，罗杰斯也没有提出相关愿景，而且似乎没有意识到他需要这么做。

4）交流传递愿景。如果没有愿景，框架这部分就没有意义。

5）移除变革障碍。该分部工作的开展充满了障碍，尤其是相互矛盾的部门激励机制阻碍了工作，加剧了冲突。罗杰斯应该尽其所能消除这些障碍，他应向经理和员工寻求帮助，但他似乎却对此漠不关心，或者担心自己可能引发冲突。或者因为他经验有限、缺乏领导方面的专业培训，因此无知到了危险的地步？

6）创造短期胜利。电子产品分部已陷入僵局，变革不可能迅速取得成效。他们面临着许多阻碍，罗杰斯似乎并不关心新产品的研发。他将可能面对严重的不利条件，因为他不知道一个领导者在面对类似情况下应该做什么。

之所以框架的最后两部分“以变革为基础”和“改变企业文化”与案例并不相关，是因为电子产品分部并没有发生变革。

你对罗杰斯的详细分析清楚显示，他的领导能力是电子产品分部绩效表现欠佳的主要原因。

(4) 电子产品分部各部门：它们对问题有什么影响？

团队似乎是另一个导致问题的主要原因。你所面临的挑战是组织证据，使与团队相关的原因更加清晰。以下使用谷歌的团队效率框架进行辅助分析。

1) 心理安全。从案例中产品开发会议的记录中，你可以了解到人们敢于发言，并且不怕彼此争论。然而，会议并没有讨论产品研发的最后期限不断延后的问题，这表明参与者觉得这样做是不安全的。同样重要的是，没有人对主导讨论的问题提出解决方案，可以推断出，参与者并没有体验到强烈的安全感。

一个缺乏安全感的可能原因是，前领导者贝内特的下属不负责解决问题，不负责进行富有成效的跨团队辩论，也没有这样做的具体动机。格伦·约翰逊关于他在产品开发会议前一天晚上焦虑得睡不着觉的辛酸陈述，进一步证明了从心理上讲，安全是个问题。

2) 可靠性。产品开发似乎正在提速，最后期限却总被拖延，在会议中没有人关心问题所在或敢于发言，而罗杰斯没有为那些可能想要解决没有时间计划的问题的与会者提供保护，他自己什么也没说。更糟的是，他从不表明自己的立场。一位经理甚至说，他知道自己应该承担责任，但他并不怕罗杰斯。

可靠性也是职能团队之间存在的问题，他们似乎都强调不能依靠别人。制造部门认为销售部门在服务和交付方面的要求是不可能完成的任务，且销售部门没有为制造部门带来能够盈利的订单。令销售部门感到沮丧的是，制造部门对利润的兴趣远远超过了对客户的兴趣。市场部门没有为产品开发提供所需的指引，公司也没有提供技术支持。销售部门没有为市场部门提供计划新产品所需的信息。

你可以推测，当贝内特掌权时，他要求并强制执行问责制，以加强部门可靠性。现在权威型的领导已经下台，各部门还没有准备好自我监管。此外，罗杰斯已将组织分散到不同的办公地点，因此很少有部门能够在同一时间同一地点解决分歧。

3）结构和清晰度。产品开发团队没有具体的目标或计划，它没有自己的身份认知。成员只维护各自团体的狭隘利益。在艰难的市场环境下，提高该部门竞争力的目标，似乎没有人关心，更不用说为这个目标努力。每个部门似乎都在与其他部门进行零和竞争。

有一个主要的结构性问题鼓励我们——而不是他们——思考：这些团体的动机是冲突的。制造部门经理的报酬是根据净利润计算的。在军事合同中，产品价格变化不大，利润可能很高。在消费者市场中，情况则完全不同，产品价格很低，而且似乎还在下降。

制造部门应具有接受利润率下降的灵活性，尽管市场变小了，但它们必须学会如何更快速有效地进行生产。制造部门有具体针对军事产品市场的激励举措，但它必须转向截然不同的新市场，这些激励举措在新市场中将变得毫无意义。

销售部门按销量而不是价格获得报酬，如果它们用更低的价格换取更高的产量，就会给制造部门留下不可能完成的任务。此外，销售部门致力于推动快速制造和交货，而制造部门则坚持，快速订单必须与常规生产流程相适应，才能满足净利润目标。

市场部门是电子产品分部架构中的一个重要团队。负责收集市场信息（包括来自销售部门的信息），探索新产品的机会，并与其他部门合作确保新产品的开发。然而，该部门的员工缺乏经验，被要求实现不切实际的盈利任务，而且无法控制产品开发过程。

产品研发部门似乎没有基于其工作任务的特有激励机制。参与者都在追求各自部门的相互冲突的激励。产品开发会议似乎不可避免地成为有着不同目标的人们之间的拔河比赛。

电子产品分部虽然有组织架构，但意义不大，因为架构没有清晰度。

4）意义。这个因素没有用，因为关于它的证据很少。

5）影响。一方面，似乎没有一个团队意识到他们之间是相互依赖的，只有当他们合作时才能产生积极的效果。这可能是贝内特留给我们的不良遗产。他控制着电子产品分部的工作，可能认为没有必要散布“部分加起来大于整体”的信息。毫无疑问，贝内特通过他个人的控制，使各部门的利益服从于分部的整体利益。

集中控制的消失所造成的影响是，所有部门都试图让其他部门听命于自己，没有人能超越狭隘利益的冲突，并有力地断言：没有任何一个部门能够在没有其他部门提供支持的情况下取得成功。

问题的另一方面在于，制造部门员工往往年龄较大，经验丰富。许多公司高管都来自制造部门。销售和市场部门的员工都很年轻，他们缺乏经验，但却承担着十分重要的责任。考虑到组织优势，制造部门的影响力可能会比其他部门更大。

当然，我们不能凭空评估团队的表现。如果罗杰斯能有效地将该分部过渡到一种自下而上的文化中，并提供示例和工具使其走上更具协作性的道路，那么许多症状本可以减轻。

通过你的分析，你发现团队是导致电子产品分部问题的一大原因。

7. 你最终的目的是依托案例中的证据，得出关于案例核心问题的结论或立场。

请牢记，一个案例通常没有客观的正确答案。最好的答案是有最有力证据支持的。在这一点上，你可以后退一步，把你所了解的整合成一个主要原因的列表。

(1) 原因 1：外部因素。外部因素对电子产品分部施加了压力，促使其调整产品和组织流程。新民用市场对电子产品分部的经济效益造成了损害，因为其已习惯于为政府工作，因此更倾向于具有稳定性的盈利方式。由于市场的相对快速转变，电子产品分部有必要改变运作方式。令人惊讶的是，总部并没有发挥建设性的作用，协助电子产品分部了解市场并做出必要的改变，以帮助其参与竞争。事实上，由于继续强制采用不再现实的盈利目标，分部经营情况变得更加糟糕。与此同时，电子产品分部似乎仍停留在过去，它突然失去了威权领导人，这在任何情况下都是困难的，在外部压力下更是如此。罗杰斯没有意识到，他的经理和员工还没有做好进行部门间合作的准备，他们还没有做出过以前从未做过的决定。此外，他似乎没有意识到产品开发部门在电子产品分部的发展中所扮演的重要角色。

你已找到确凿的证据，证明外部环境是电子产品分部衰落的一个原因（见图表 6－2）。

图表 6－2　造成电子产品分部绩效问题的原因

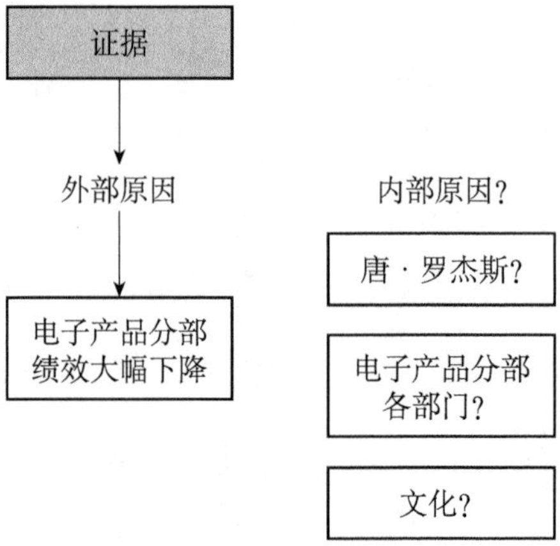

（2）原因 2：罗杰斯的领导。罗杰斯似乎不知道一个领导者应该做什么。他继续扮演技术经理的角色，并没有意识到电子产品分部正面临领导者真空。对于一位经验丰富的领导者而言，他所面临的形势将是严峻的。而对于像罗杰斯这样的管理新人而言，要解决问题几乎是不可能的。让他在部门的问题中扮演救世主的角色是不公平的，因为他准备不足。

他的行为和不作为导致了问题的恶化。几乎所有有经验的经理都被他解雇，这让他失去了他们的经验和知识，以及他们作为管理变革联盟成员的潜力，这可能在剩余的员工中制造了敌意，他们可能认为解雇是武断和不公平的。公司鼓励他把电子产品分部的大本营迁回阿伦敦，他独自一人将销售和市场部门分开，将后者搬到阿伦敦，并将工厂的产品开发主管与产品开发团队分开。在一个已经分布在三个工厂和四个销售区域的组织中，将关键职能团队和经理从空间上分开可能会阻碍跨团队合作，加剧团队冲突。由于长期不出现在部门中，他没有时间处理日益增多的问题，这可能向员工传达了一个信息：他对这些问题漠不关心。

分部各部门无法自行解决问题。他们需要一个能够退后一步，看到大局，并说服部门接受共同愿景的人。新产品开发部门是电子产品分部成功的关键，也是迅速取胜的潜在工具，罗杰斯也不明白这一点。奇怪的是，他与团队的目标和开发进展脱节，似乎更关心避免冲突，而不是在拖延和借口面前坚持问责制。最后，他取消了贝内特的组织发展项目，贝内特本可以为他提供有关电子产品分部的重要信息，以及改善电子产品分部的行动计划。

有充分的证据表明，罗杰斯的领导是造成问题的主要原因之一（见图表 6－3）。

图表 6－3　造成电子产品分部绩效问题的原因

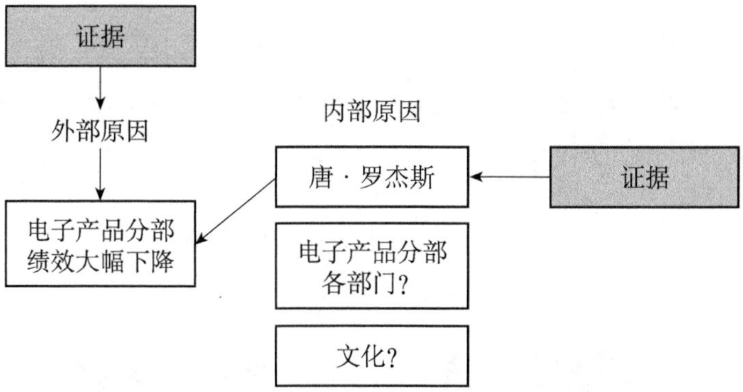

（3）原因 3：电子产品分部各部门。电子产品分部各部门无疑导致了问题的产生。它们没有做好合作和决策的准备，它们的工作目标互相矛盾，部分原因是存在相互矛盾的激励标准，它们没有做好在决策过程中发挥积极作用的准备，没有相互依赖，也不愿意冒险。另一个重要的问题是，市场部门没有足够的经验或行政权力来很好地履行使命，这一部门正在衰败，但似乎没有人注意到。

产品开发团队的职能似乎完全失灵了。它由各部门组成，而它们更有兴趣互相指责，而不是完成任何一件事情。该部门没有责任感，也没有意识到它们可能掌握着分部的命运。

电子产品分部目前并不是一个组织，而是需要领导的相互竞争的许多派系。部门职能失调是导致问题的主要原因之一（见图表 6－4）。

图表 6－4　造成电子产品分部绩效问题的原因

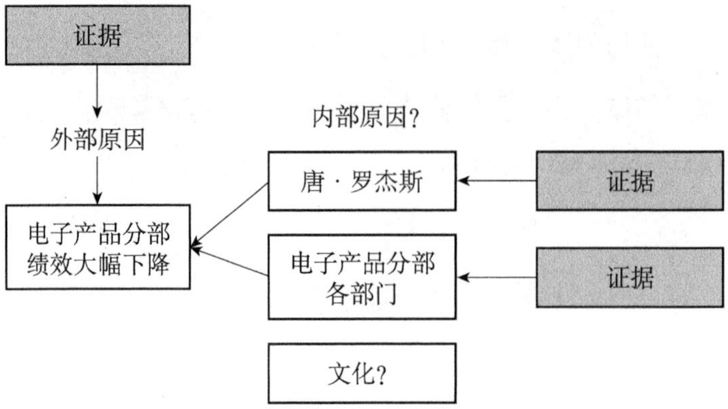

(4) 原因 4：文化。贝内特死后巨大的文化变迁也必须被重视。困扰部门的主要原因在于贝内特自上而下的领导方式被取消，而罗杰斯未能以另一种文化模式取而代之。各部门现在必须发掘它们从未开发过的技能，而且似乎没有人意识到这一点，甚至包括部门领导。虽然文化似乎不像罗杰斯的领导能力或部门职能失调那样是强有力的原因，但它值得一提（见图表 6－5）。

图表 6－5　造成电子产品分部绩效问题的原因

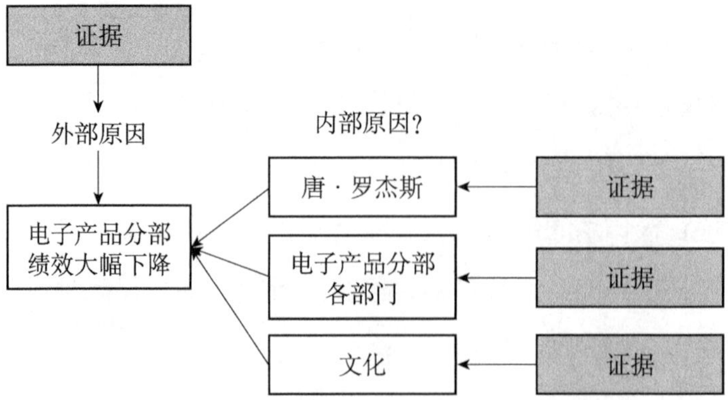

(5) 原因 5：总公司。当你考虑罗杰斯表现的证据时，你意识到他并不对全部领导失败负个人责任。鉴于此，你又加上了另一个原因：公司的高层管理人员难辞其咎。他们提拔了罗杰斯——尽管他没有什么管理经验，也没有给他提供支持或培训来完成交接。他们建议他将电子产品分部的大本营迁往总公司，让罗杰斯远离他本应管理和领导的人。公平地说，公司无意中让他走上了失败的道路。对罗杰斯来说，缺乏总公司的支持应该被列入原因之一（见图表 6－6）。

图表 6－6　造成电子产品分部绩效问题的原因

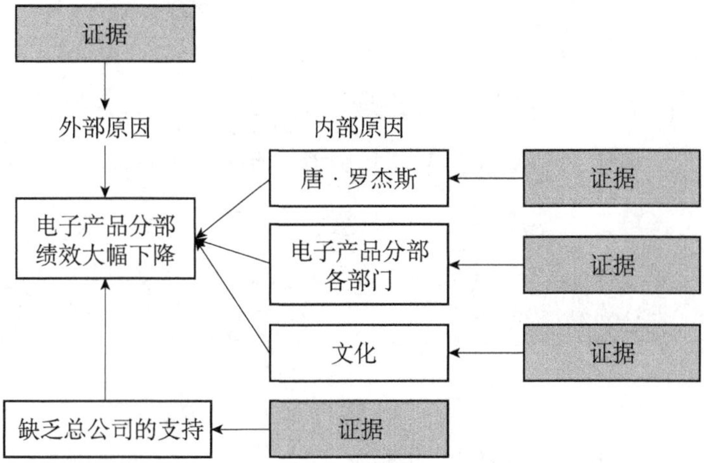

8. 你所选择的立场支持何种行动计划？需要何种行动计划？

在问题诊断情境中，行动计划的重点是解决问题。你应该首先考虑你想要实现的目标与行动计划。强烈建议提出简单目标，以避免行动计划变得复杂和脱节。电子产品分部行动计划的目标包括：

> 罗杰斯需要重构电子产品分部，以提升其竞争力，减少非生产性冲突，建立新文化。

（1）短期计划。

- 罗杰斯应该深呼吸，退后一步，评估分部目前面临的不稳定局面。他应该接受领导力培训或向高人求助，帮助他提高管理技能。
- 应走访电子产品分部各部门，传递这样一个信息：该部门正朝着错误的方向前进，市场环境艰难，每个人的工作都岌岌可危。成功的唯一方法是一起努力。他应该向员工和经理征求改进绩效的意见，还应该努力提振市场部门的士气。

- 应立即开始与产品开发人员合作，重新设计产品开发流程，强调及时决策的紧迫性。让分部在制造、市场和销售等各环节获益，并推动项目的完成。应该确定可以取得短期成功的新产品，为每年的产品研发数量设定目标，并至少将团队的部分薪酬与新目标挂钩。或者，可以制定一个奖励计划来奖励研发参与者。
- 如果产品开发继续停滞不前，那就进行干预，将不可靠的人员从研发小组中剔除，并引入新人。
- 应与本部门的主要经理和员工建立关系，并邀请他们组建一个小组，为电子产品分部创建愿景，并与组织中的每个人沟通，访问电子产品分部的每一座设施，推广该愿景，并要求得到反馈。
- 应说服总部放弃激进的增长速度和利润目标。这些目标是不现实的，甚至连总部也承认这一点。让总部参与讨论针对市场变化的策略制定。
- 应重启组织发展计划。

（2）长期计划。

- 应与公司合作，全面改革电子产品分部的激励机制。新制度应奖励协作和实现分部共同财务目标的行为，而不是狭隘地为各部门目标服务。
- 应将电子产品分部的大本营、市场和销售部门搬至同一办公地点。
- 应实施组织发展计划所得出的建议和结论。
- 应组建跨职能部门，监控部门团队之间的工作关系，促进合作，调解冲突。
- 应为该部门的年轻经理建立一个持续的领导力培训和指导计划。

The Case Study Handbook

第Ⅱ篇　案例讨论

Discussing Cases

第 7 章

如何准备和讨论案例

课堂讨论是案例学习的支点。在老师的帮助下，你和你的同学将一起探讨案例。老师的角色不在于告知你案例的内容，并给你正确的答案(尽管有些老师可能会告诉你他们认为对一个案例而言的正确回答是什么)。相反，老师会阐明案例的主要问题，对案例事实和你从中得出的推论进行提问，分析你的答案，在黑板上写下相关的评论，引领讨论的方向，推动讨论的进行。案例讨论是你职业生涯的预演：你需要独立思考，与同学和上级讨论问题，说服他们接受你的观点，并按照你的观点采取行动。

在讲座教学法中，老师几乎主导课堂，课堂中的唯一不确定性在于学生所提出的问题，前提是老师允许学生提问。在案例教学中，老师把课堂的较多控制权交给你——学生。然而，与讲座教学法相反，你必须为自己的学习行为负责，而不依赖于老师的讲授。本章从学生的角度对案例讨论进行了深入的探讨。

7.1 案例方法的隐喻

在案例讨论中，你的任务是在老师提问或其他学生发言后分享你对案例的思考。案例讨论并不意味着所有人都能畅所欲言，请把它想象成类似于管弦乐队的表演。乐队指挥（老师）指挥和协调演奏者，但他并不演奏乐章，相反，是演奏者（学生）演奏了一曲完整的乐章。

乐队演奏和案例讨论的主要区别在于，在案例讨论中，演奏者（学生）不是根据乐谱演奏乐曲，而是在指挥（老师）的指导下，根据作曲家的笔记即兴创作乐曲。

与管弦乐队或任何音乐团体的演奏一样，不同案例的讨论质量大相径庭。虽然有许多情况在演奏前就已经被确定，但指挥（老师）和演奏者（学生）必须认真研究作曲家的乐谱，否则，演出将会使人大失所望。在做好演奏准备后，演奏者演奏乐器，使其发出独特的声音，以融合成丰富多彩的乐曲。就像管弦乐队一样，学生通过研究一个案例，提出不同的观点，从而形成协奏效应，揭示出个人无法独自得出的观点和理解，丰富案例的讨论。

7.2 案例讨论的形式

如果你从来没有参与过案例讨论，下面让我们了解案例讨论是如何进行的。

老师可能会提供一些案例的背景或情境，或者可能会即刻开始通过找志愿者或点名的方式提问。老师通常会将课堂划分成不同讨论区，每个讨论区关注一个特定的问题。许多老师一开始会问学生一些简单的问题，为寻找案例证据和进行论证做铺垫。在此基础上，课堂讨论可以朝不同方向推进。老师会针对案例事实提问学生对此有何看法，通常情况下，学生往往持有不同意见，而所得出的结论和讨论结果也不尽相同。

例如，在一个运营案例中，主要角色正在评估公司中已经运行的创新分销系统。他相信该系统将使公司的生产效率大幅提升。然而，在公司内部，供应链中的其他主体却对这一创新系统嗤之以鼻。首先，老师可以提问学生有关公司供应链的案例事实证据，如以前的系统是如何运行的，新系统应该如何工作，以及它对制造商的好处。然后老师可能会更进一步，提问学生从上述事实证据中得出了什么结论：供应链各主体阻碍创新系统的原因是什么？这个体系是可以被修复的，还是存在根本性的缺陷？

或者，老师可以从宏观问题入手，例如，为什么新系统会失败？主要角色是否应该放弃继续使用新系统？接下来的讨论可能会以学生的回答为起点不断推进，探讨支持他们观点的事实证据和推论。

不同的讨论模式的最终教育目的是相同的：要求你用事实证据来证明观点，并连贯而有说服力地表达你的观点，从而提升你对事实证据的理解。

7.3　案例教学法中学生的任务

在参与案例讨论时，你必须完成以下任务。

7.3.1　做好准备

积极的课堂参与始于充分的前期准备。在案例教学法中，做作业是很重要的。课程结束后，你无法再次获得案例课堂的学习机会并因此获益。所以你不仅应该阅读案例，而且应该花时间去思考。

本书的第Ⅴ篇有三个学习指南，它们分别对应已经确定的三种案例情境类型，可以帮助你梳理案例笔记，并对案例进行思考（要了解如何使用指南，你需要阅读第 3、4、5 和 6 章），第Ⅴ篇中有使用指南的说明，以及如何下载这些指南的空白版本。该指南有两个优点：根据案例情境构建，适用性强，且可以提升笔记的集中性和有效性。

你的老师会在课前组织小组学习讨论案例，或者你也可以自行组织提前学习。同课堂一样，在小组中学习有很多优势，小组也是一个畅所欲言，获得观点反馈的地方。学习小组人数较少，因此相比于课堂发言，在学习小组中发表观点所造成的感知风险更小。如果你难以协调同学组织线下讨论，可以使用线上讨论的方式。

7.3.2 参加讨论

案例讨论的积极参与取决于两个因素：你的准备和举手的意愿。充分的准备可以给予你参与讨论的信心。

请在你有相关见解时举手。分享你对案例的见解是积极课堂参与的基础。此外，你应该充分利用在现实世界中获得的经验。尽管你们在年龄、民族和国籍等方面有相似之处，但课堂中没有人会与你的经历相同。正因为你和同学们的相处时间较短，所以在案例讨论中请不要吝啬你独特的观点。

回答别人提出的问题，而不是你想回答的问题。答非所问会扰乱课堂的秩序，当别人向你提问的时候，不要养成在脑海中提前预想问题，并准备答案的习惯，因为当你举手的时候，老师很可能已经叫别人回答该问题了。请相信你在短时间内得出问题答案的能力。

请记住，你的任务是进行高效的讨论，引领富有成效的讨论。在讨论中，学生轮流回答问题，从而为深入挖掘案例奠定基础，这必须依靠大家的力量才得以实现。学生应脚踏实地、一步一个脚印地不断夯实讨论基础。

学生可以在讨论中扮演不同的角色，然而，他们有时并未意识到这一点。为了保证讨论的真实性，学生可能会把自己定位为逆向思维者，总是反对在讨论中形成的共识。相反，学生也可以扮演调解员，即一个试图弥合意见分歧和避免冲突的人。如果一个学生对问题大包大揽，回答了老师提出的所有问题，可能会使其他学生不愿意举手发言。此外，一些学生通过肢体语言以展现自己对讨论的高度关注，但很少举手发言，这是另一类常见的课堂角色。在讨论中，请关注自己所扮演的角色，并尽量避免一直扮演同一类角色。你不必每节课都发言，但应该努力成为正常的讨论参与者。

最后，不要以为保持沉默和做大量笔记就能学到很多。事实上，通过理解他人的思考流程，表达同意或不同意，以及关注他人观点的边界条件等细节，你可以学到更多。如果没有积极参与课堂讨论，你将无法从中获益。

7.3.3 尊重他人，并期待他人的尊重

谷歌发现其绩效最好的团队的最重要特征是心理安全。这些团队成员认为，整个团队希望听到他们的想法，并相信其他成员会认真对待他们的想法。换句话说，这些团队已经设法使相互尊重成为一种基本行为规范。

具有高度功能性的案例课堂也是如此。尊重源于以下关键行为：

- 你认真对待同学的观点。
- 当你和同学或老师意见相左时，你要进行具有建设性的表述，以表明你的兴趣在于更好地理解一个问题，而不是证明你比其他人更聪明。
- 当有人不同意你的观点时，你不会将其视为个人威胁，而是从另一个角度审视自己的观点。
- 你不会试图主导讨论，而是会认真聆听其他同学和老师的观点。

如果你做到了上述行为，你将会得到尊重他人的回馈，即他人对你的尊重。请让你的同学知道你感激你所获得的尊重。

7.3.4 理解“冲突是合作的一部分”

理想的案例讨论局面是让学生们的观点逐步建立在彼此的观点之上，每个人都发表评论，不断加深对同一个问题的理解。

然而，合作并不意味着所有人意见一致。冲突对于合作是至关重要的，因为它提供了迸发新观点的可能性。没有冲突，有效合作就难以存在。冲突需要被控制，才能发挥其建设性功效，而不是放任其发展，使其成为会破坏课堂讨论成效的私人恩怨，例如，一位学生反对案例主体不断发展演化的观点为所有人创造了学习的机会。

冲突本身不是关键问题，人们如何处理冲突至关重要。他们可以无条件地捍卫自己的观点，或者可以探讨冲突的实质。在案例讨论中，不

一定要解决意见分歧，重要的目标是课堂中的每个人都能理解不同观点的论证原因和立场。

我希望你永远不会经历课堂中有学生破坏共同信任原则的情况。以我的经验来说，尽管老师会对不道德的行为保持机警，但有时也会忽视一些不利于课堂讨论的行为。例如，一个学生可能会对另一个学生出言不讳，而老师没有发现，或老师的关注点在其他学生身上。或者，发生在课堂外的事件可能会对课堂有所影响。请提醒老师警惕此类事件的发生，因为如果她不知道问题因何而生，就无法解决问题。

我想强调的是，此类事件在我的教学经历中非常罕见。关键是如果你在课堂上遇到不尊重他人的行为，你有很多解决的方式，但你需要有勇气去向那些能帮助你的人寻求帮助。

7.4 不愿参与

理想情况下，班上的每个人都渴望参与案例的讨论。但实际上，学生可能不愿意贡献自己的观点。以下是一些最常见的原因：

7.4.1 我没有准备这个案例

每个老师都担心学生没有做充足的准备。案例教学法特别容易因学生准备不足，导致教学效果大打折扣。如果有太多的学生没有做好充分的准备就出现在课堂中，那么课堂学习效果将会微乎其微。

你可能会错误地认为准备案例是为老师做的事情，但实际上，你是在为自己和你的未来做准备。这听起来像是陈词滥调，但却是事实。学习只能小步走，而不能大步冲。如果你不做好准备，就无法获得迈出这一小步的学习效果，也让其他同学大失所望，因为你没有帮助他们更深入地理解案例。对一个案例进行30分钟的集中分析，足以让你做好课堂讨论的准备，我们大多数人在日常生活中能抽出至少30分钟的空闲时间。

7.4.2　我害怕说话

如果你习惯了讲座教学法，可能会感觉没有准备好在同学们和老师面前说出你的观点，或者你可能不喜欢在任何场合当众发声。如果你不喜欢公开演讲，你并不孤单，因为很多人都不喜欢公开演讲。

当每个人的注意力都集中在你身上时，发表观点是需要勇气的。为了降低发言风险，你可以问问自己，如果你的评论没有切中要害，最糟糕的情况是什么。其他学生的观点总是高质量的吗？老师是否总是提出清晰的问题，以提升讨论的效果？这两个问题的现实答案都是否定的。得知即便你的回答很糟糕，也不会发生什么可怕的事情，这可以降低你的风险感知。

另一个降低风险感知的方法是时刻准备回答那些你最有把握的问题，例如，关于案例事实的问题。如果你已经做了充足准备，就很可能会记住很多关键的事实。一部分学生可能认为，为讨论提供事实证据并不重要，他们只应该回答更为宏观、关键的问题。但实际上，老师问的任何问题都有其重要性。老师会告诉你，她很感激那些掌握并愿意分享案例事实的学生，因为没有对案例事实的深刻理解，就不可能进行有意义的案例讨论。

在案例课堂中展现自己的最关键的时间是在一个课堂的初期。延后参与谈论会增加你的紧迫感和发表观点时的感知风险。请设定在第一或第二个案例讨论中发言的目标（假设一节课会讨论两个或以上的案例）。如果你感到特别焦虑，就回答一个关于案例事实的问题。老师经常在案例讨论的初期就提出事实问题。一旦你发言了，第二次就容易多了。

7.4.3　我是唯一感到不适的人

你可能认为其他学生在课堂中感到非常放松和自信，而你是唯一一个感到不适的人。这个假设是错误的。许多学生也会有和你一样的感觉。

7.4.4 我得说些精彩的话

你不需要精彩的评论来为讨论做出卓越的贡献。对自己不切实际的期望会给自己设限，这无疑将阻碍你的发言。精彩的、具有洞察力的观点可以来自个人，但更有可能是团队努力工作的结果。

7.4.5 当我发表观点时，他人会认为我很愚蠢

我们都有自我怀疑的经历。如果你害怕被认为是愚蠢的，请班里一个值得信赖的朋友就你参与的发言给予反馈，并告诉朋友要坦诚相待，实话实说。你很可能会从朋友那里得知：你的观点富有智慧，和其他学生的观点质量相当，或者收到关于如何提高观点质量的建议。

7.4.6 我担心有人不同意我的观点，而且会让大家知道我错了

在案例课堂中，总会出现其他同学不同意你的观点的情况。假设持反对意见的人有实质性的反对观点，并且你和他的观点讨论十分充分，那么这个人实际上是在帮你的忙。他给予了你从不同角度思考和学习的机会。你可能会意识到他的观点可以更好地看待问题，或者也可以告诉他你的观点更合理。

7.5 其他可能的参与障碍

还有一些更具体的因素会让你在参与案例讨论时犹豫不决，其中包括内向、语言、文化、性别、民族和阶级。

7.5.1 内向

案例讨论是公开的、自发的，而且通常是生动的。如果你是一个内向的人，这可能令你不安。讲座教学法非常适合内向的人，因为学生可以吸收和处理信息，并在更结构化的媒介，比如一篇论文或一场正式考

试中形成判断或反应。由学生参与驱动的案例教学似乎与此相反。但是这个方法并不要求内向的人变成外向的人。它只要求他们定期分享自己的想法。内向的人可以留在自己的舒适区，同时也能让别人听到他们的声音。

7.5.2　语言

世界各地的本科生和研究生课堂都有越来越多的国际学生参与。这种发展进步极具价值，因为我们生活在一个全球化的世界中，来自不同地方的人提供了多样的（或额外的）学习视角和思考维度。当然，我们可以把语言当作一种障碍。假设你说着一口流利的英语，你可能仍然不愿意开口说话，因为你认为自己不像母语人士那样能言善辩，或者害怕你的口音让人难以理解。你觉得自己在自由流畅的讨论中不如以英语为母语的同学灵巧机敏。你害怕被单词困扰，出现发音错误，从而使你的同学难以理解你。更糟的是，你可能担心有人会嘲笑你。

如果你有这些担忧，请扪心自问，你在课堂外交谈的人是否能理解你的意思。如果他们能理解你，那么课堂中的人一样能理解你。此外，你不需要丰富的词汇来表达复杂的思想。简单语言和复杂语言一样强大，而且通常更容易理解。每个人或多或少都会有一定的口音，带着口音说外语并不可耻，实际上，掌握第二（或第三或第四）种语言是一种成就。同样，问题是别人是否能理解你。

不参与会让你失去扩大词汇量和提高表达流畅性的机会。必须强调的是，老师和同学都将专注于理解你的观点或评论的内容，以及你所引领的讨论的方向，他们并不会在意你的语言问题。

不要让你对口音或语言流利程度的担忧阻碍你积极参与课堂讨论和分享独特观点。请记住，以教学语言为母语的人一样有口音，口语没有完美的标准。

7.5.3　文化

文化问题与案例教学法的交叉之处如此之多，以至于很难一概而论。案例教学法是在美国产生和改进的，毫无疑问，它蕴含着西方文化价值观。该方法得益于参与者愿意表达自己的观点，并认为出现不同的意见是自然的，且这些意见具有价值。这些并不是每种文化所共有的价值观。

尽管案例教学法有文化偏见，但它的目的并不是奖励声音最大、最积极的参与者。案例讨论的美妙之处在于，个人可以扮演许多有用的角色，学生可以找到适合自己文化背景的讨论角色。一个有高度重视公众共识文化背景的学生，在听取其他学生的意见，或向同学们提供能够调和矛盾的讨论方案时，会感到非常自在。而有个人主义文化背景的学生，可能会在与同龄人意见相左时感到更加自由。

学生不需要遵循单一的文化背景来提供有价值的见解。对学生而言，在课堂中尝试拓宽他们的文化“舒适区”是很有价值的。我们生活在一个全球化的世界里，我们的文化敏感度和灵活性越高就越有益。例如，喜欢分歧和辩论的学生可以尝试扮演调解者和支持者的角色。

7.5.4 性别、民族和阶级

课堂中的每个学生都有平等发言的权利，不论性别、民族或阶级。对他人个人特点的不尊重绝对不利于案例讨论。实际上，如果对他人的特点进行攻击，这将很快使讨论失去包容性和创造力。类似的事件会使那些害怕被攻击的人缄口不言。

老师的主要职责是确保课堂讨论遵守这一规范，学生也应尊重他人。如果你目睹了歧视行为的发生，你应该让老师知道。大多数学院和大学都有严厉的反歧视政策和明确的报告、调查和减轻歧视的程序。

7.6 降低风险——错误的方式

案例教室里的每个学生的观点都有可能会被老师和同学们批判。处理这个问题的方法有的有效、有的无效。以下是一些无效方法的例子：

7.6.1 提前准备好的发言

你可以在课前记录关于案例的要点。你准备了一份关于你希望在课堂中出现的案例的全方面陈述列表，其中，列表内容覆盖广泛，对你而言十分具有吸引力，因为不管讨论如何发展，它似乎都能让你说出一些话。

走进课堂，你感到前所未有的自信。你相信你现在有能力做出高质量的评论。然而，在接下来的几节课中，讨论的路径是你没有预料到的。尽管你准备的要点涵盖范围很广，但讨论的内容与你清单上的任何内容都不相符。最后，课堂的走向确实按照你认为的方式发展，随着讨论的进行，你会浏览列表中的要点，不幸的是，其他学生抢占了回答的先机，或者你的观点并没有完全融入讨论中，而你又犹豫着是否要临时调整观点——这正是你应该试图避免的情况。随着时间的流逝，你感到沮丧，你觉得必须提出一个观点，即使它与当前的主题无关。毕竟，你肯定自己对这个案例有很有价值的见解，因此希望课堂调转讨论方向，继续你的话题。所以，当你被要求分享你的观点时，你说得很好，但听起来还是像事先编排好的评论。

一位 MBA 学生总结了这种情况："在错误的时间发表精彩的评论是最糟糕的事情!"[①] 一个好的但不合时宜的评论会阻碍讨论的推进，并且很可能会被忽视。这是每个人的损失，评论的价值也不能被完全发挥，而评论时机的把握不当则是发言者的失败。

7.6.2 演讲

一个降低感知风险的相关技巧是准备一篇演讲。你可以选择案例中的关键问题，概述或写出扩展注释。有了脚本，你就不会忘记任何事实

---

① All student quotes from email responses to the author，2006.

或推理，你也不需要寻找词语来表达自己，因为你已经在脚本中写好了。同样，我们面临的挑战是找到合适的时机，而现实情况是，这一时刻几乎从未到来。这对你而言并不糟糕，因为即便你获得了机会，无论你如何努力掩饰，演讲听起来还是像演讲。

提前准备好的评论的最糟糕的地方在于，它会对你产生负面影响。你在课堂上会不断尝试把正在进行的对话融入你的已有思维观念中，这让你无法思考课堂上发生了什么，并且使你远离了讨论。最后，你将无法获得良好的学习效果。

7.6.3 延后和评估

另一种降低风险的方法似乎是温和而谨慎的：直到你对案例的讨论、同学和老师的发言感到放心和轻松时，才进行发言。其间这段沉默的时间并不意味着你无须努力分析案例，实际上，你需要仔细分析案例，并注意课堂中同学们在说什么。你可能会发现，你正在期待一些评论的出现，并希望对其进行补充。

然而，你保持沉默的时间越长，就越难加入讨论。不参与的累积效应可能是微妙的。一个定期的参与者与团队能够累积起信任和合作效应，这都有助于建立人际的良好关系，从而降低参与讨论的潜在风险感知。良好关系也可以成为缓冲不可避免的错误观点的方式。

如果没有参与讨论，某个学生基本上就会被同学和老师忽视，在团队中也会缺乏良好关系储备。还有一种可能是，当沉默的学生回避风险时，一些同学可能会因为自己在承担风险而心生怨恨。如果一个学生很长一段时间不参与讨论，他通常会认为只有当他提出一个非常高质量的评论时，他才算完整地参与了讨论。这一高标准让他无法通过其他方式参与讨论，例如提供一个案例事实。如果学生不能找到一种方法打破他自己强加的标准，就会产生螺旋效应：沉默或零星参与持续的时间越长，赌注就越高，说话就越困难。

7.7 降低风险——正确的方法

在一定程度上，使用案例教学法的风险是不可避免的。两千多年前，苏格拉底让希腊学生在面对尖锐的问题和无情的逻辑时感到不安。然而，风险并不完全是负面的，相反，这是案例教学法激励你刻苦钻研的动力。

但是，请不要夸大风险，这会直接导致恐惧，而恐惧会让你成为一个糟糕的倾听者，让你丧失说话的信心。造成恐惧的部分原因是希望避免低质量的评论。事实上，沉默比失言更具破坏性。正如哈佛商学院前管理人员莫琳·沃克所说："沉默就是一种表达。"①

7.7.1 减少你的准备

认真准备是有效课堂参与的基础，但你不应该过多准备。这句话的最后一部分似乎有些奇怪。在学术环境中，是否存在准备太多的情况？就案例分析而言，答案是肯定的。

不要陷入这样的思维定式：你投入的时间越多，你就会准备得越充分。你总是通过告诉自己知识与所花费的时间正相关来证明长时间研究一个案例是合理的。莫琳·沃克不同意这种说法。她说，长时间工作只会让你昏昏欲睡，不会让你变得更有见识。MBA 毕业生拉斯蒂斯拉夫·拉斯托·库利奇认为，平衡准备和休息是良好课堂参与的最重要因素之一。

对案例的准备工作设定限制有几个好处：它会给你施加一个健康的压力，让你好好利用时间。它有助于保持你的生活平衡和新鲜感。它鼓励你关注和思考如何分析一个案例。这本书的大部分内容都是关于研究案例的决策。其中一个决定有关时间限制。如果你要准备两个或更多的

① Maureen Walker, "International Orientation, Class of 2006," slide presentation to entering MBA students, Harvard Business School, July 2004.

案例，每个案例准备两个半小时是一个很好的开始。你的学习目标是逐渐减少到每个案例两小时。即使是一个案例，两个小时似乎也达到了学习收益递减的时刻。

7.7.2　早发言

关于案例讨论，最有价值的建议是：尽早参与，最好在第一节课上。早发言不仅能减少在所有人注视下的紧张，还能帮助你为自己设定预期目标。一位 MBA 学生给出了以下建议：

> 要勇敢！在第一堂课上，你很难写出一个案例的绝妙解决方案，甚至很难做出高质量的评论。很有可能在开始的时候，你的评论只是正常水平或者更糟，但这只是你为了提高评论质量所必须克服的另一个障碍。永远不要停止在课堂上发言，因为上节课你说了一些你认为很傻的话，你需要弥补和改变上节课的形象。

这位学生说课堂参与本身就是一个学习过程。没有人生来就是高效的案例讨论参与者。此外，尽早参与的另一个原因是，为了学习如何成为好的参与者，你必须尽早发言。

7.7.3　请牢记：你在舞台上的时间并不长

学生可以在案例讨论课上讲多长时间？除非班级很小，否则一般最多不超过一分钟。换句话说，你的展示时间很短（尽管对你来说，展示的时间似乎是永恒的）。你的评论只是众多评论之一。尽管你很担心，但你真正的风险很小。

7.7.4　学会倾听

当被要求就案例讨论给出建议时，MBA 学生反复提到了倾听的作用。在案例讨论中，相比于发言所占用的时间，倾听所花费的时间更多。一名学生谈到了这种被低估的技能：

> 总是仔细听其他学生的意见和老师的问题，了解不同视角的实质不仅很重要，而且还能帮助你跟上案例讨论的进度。

一位商学院毕业生描述了他如何在案例课堂中倾听：

> 这是一个很好的练习，在课堂上听取意见，并决定你是否同意别人的观点。如果你有很好的论据来支持你对其他人意见的看法，那就是时候举手发言了！

倾听是一种参与，只要它不是你做的唯一一件事情。这是一项复杂的技能，因为你需要主动地接收和存储信息。这些信息会刺激你思考别人在说什么，并触发你自身的思考，有时还会激励你勇于发言。如果你没有认真倾听，就无法提出高质量的评论。一个好的评论符合当前正在进行的对话情景。几分钟后，这个评论就会因不符合当前讨论的节奏和方向而变得多余。

一般的成年人可以在30秒内全神贯注于某件事。人类不可能全神贯注地倾听60或80分钟。不可避免地，教室里的一些东西会分散你的注意力，或者让你陷入与课堂无关的思考。听一场讨论意味着你必须不断重新投入正在进行的对话之中。顺便说一下，焦虑是一种影响倾听的内部干扰因素：焦虑的学生很难倾听，因为他们脑子里想得太多了。

所有这些都表明，你必须学会如何倾听案例讨论。学会倾听将会是你学到的最有价值的技能之一。

7.7.5 认识到社会因素

同学们在课堂外的互相了解可以改变课堂中的气氛。一群为成绩竞争的陌生人可以成为熟人或朋友，他们认识到自己在竞争，但也明白自己是在为每个参与者的利益合作。受到他人尊重的学生在课堂讨论中至少愿意承担一定风险。听众很可能会对演讲者更有同理心，如果有同学在试图表达观点时出错，他们会更愿意伸出援手。如果有同学的观点对讨论没有帮助，他们也会表示理解。当人们相互了解时，性别、个人外表和许多其他特征所产生的有害且微妙的刻板印象往往会被削弱和克服。课堂上的朋友可以鼓励沉默寡言的同学大胆发言，或者基于他的评论，承担更大的风险，提出更创新性的观点。

7.7.6 记住如何笑

大学和职业学校可能是非常严肃的地方。对新生而言，他们虽然很兴奋，但也会担心自己的表现。下面是一个学习过案例教学法的毕业生给出的一些明智的建议：

> 放松的能力是非常重要的。许多学生，尤其是国际学生，高度紧张，对自己太过认真。这使得他们在表达时十分僵硬，在回应听众的反应或评论时也十分僵硬。幽默，尤其是自嘲式的幽默，是非常受欢迎的，也是经常被需要的。学生为讨论增添趣味或自嘲的能力将帮助他们提高听众的注意力，并提高他们评论的受认可度。

7.7.7 你应该做笔记吗？

听过无数次讲座的学生养成了记笔记的习惯。他们会熟练地把老师说过的话记录下来，可能还会加上自己的想法或问题。他们很自然地把这些习惯带到案例课堂中，但是做笔记，尤其是详细的笔记，会让你在讨论中落后一步。当讨论的核心从一个人变为另一个人时，你可能还在写上一位发言者说了什么。

解决这个问题的方法是在课堂上做一些简短的笔记，并在课后几分钟内写下包含两三个要点的心得。因为案例讨论是动态的、不可预测的，所以课后的那几分钟往往比课堂上的几分钟更适合学习。

7.7.8 对自己要有耐心

设定一个目标：在每门案例课程的第一堂课上发言。请全身心投入第一节课，聆听他人的发言，不要等到轮到你了才认真听讲、准备发言。

当你积极地倾听他人的观点时，对此观点的评论会自然地出现在你的脑海中。当他们发言时，不要打断他们，评价他们的观点是否足够好，请举手等待老师点名。

除了需要果断举手，你还需要耐心。不要把你的评论当作证明你才华的工具。当你学习案例讨论的艺术时，要有长远的眼光。你会有很多发言机会，所以对你而言，一次发言的风险没有你想象得那么高。

一个哈佛 MBA 的学生建议你不要“害怕做出显而易见的评论或问一个愚蠢的问题”。他继续说：

> 讨论的关键在于自信。如果你是一个害羞的人，在一整个学期中都不主动发言，你会越来越难开口说话。你会开始给自己施加压力，让自己想出好点子，直到你有了好点子，你才会开口，这种事情只会使情况变得更糟。问一个愚蠢的问题，做出显而易见的评论……愚蠢的问题通常是每个人都会疑惑的问题。一旦你开始说话，你会感到很舒服，你的头脑会变得更清晰，你会提出越来越好的意见。

The Case Study Handbook

第Ⅲ篇　案例写作

Writing about Cases

第 8 章 如何进行案例写作

在案例教学法中，学生经常需要为作业或考试进行案例写作，此时，你需要关注以下四件事：

- 被提问的问题。
- 如何阅读和分析一个案例。
- 如何进行案例写作。
- 如何写得清楚、简洁、正确。

8.1 被提问的问题

通常情况下，老师会在作业或考试中要求你就某个问题表明立场。在案例《通用汽车：帕卡德电气公司》中，你可能会被问到以下问题：

戴维·施拉姆应该怎么做?

这个问题看似简单。你可能在读到“做”这个字后，认为要写一篇论文，简要说明你认为施拉姆应该做出的决策，然后解释落实该决策所需的行动。但如果你这么做了，会忽略一些关键性的内容。

这个问题要求你陈述一个关于施拉姆应该做出什么决策的观点。在这个例子中，施拉姆有三个可供选择的方案，乍一看，没有明显优于其他的方案。你的写作任务是说服老师，表明你选择的方案比另外两个更好。说服就是用语言来博得读者的认同，让他们按照你想要的方式去思考、感受或行动。作业或考试的目的是说服读者，也就是阅卷老师，你的回答是合理的，因为它有有力的案例证据支持。有很多方法可以说服听众，推理就是其中之一。说服老师最可靠的方法是推理，而写作中最有力的推理形式是论证。在本章之后的内容中，你会学到更多关于书面论证的知识。

现在你可以理解为什么“戴维·施拉姆应该怎么做?”这一问题不仅仅要求写出他所需做出的决策和行动，而且，它要求你进行论证，证明你支持的决策方案是三者中最好的。任何要求陈述案例结论或立场的问题都无法通过短短几句话将观点表达清楚。读者希望你回答一个关于立场的关键问题：为什么？你为什么认为这是最好的方案？

关于考试和作业，还有一个关键问题。当面对像“戴维·施拉姆应该怎么做?”这样的问题时，学生可能不确定如何回答。他们急于写下确信的内容，即总结案例事实。当学生面对不确定性时，出现这一反应可以理解，但其没有正面回答问题。如果你仍然认为论文应该从案例事实的扩展概述开始，请考虑一下：老师已经阅读了多遍案例，她对案例中的实施证据不感兴趣（当然，除非她给出的问题明确要求你总结案例）。虽然如此，案例事实证据也是不可或缺的：它们是你证明自身立场所需的证据来源。

8.2 如何阅读和分析一个案例

一旦你了解必须回答的问题，你就需要准备好阅读和分析案例，为回答问题做准备。本书的第Ⅰ篇描述并展示了分析案例所需的技能。这些技巧既适用于准备案例讨论，也适用于案例写作。其向你介绍如何识别案例核心情境，梳理你的论点论据，并得出合理的结论。如果你还没有读过第Ⅰ篇，我强烈建议你在阅读本章之前至少浏览一下这些章节，这将提升你的学习效果。

以一种容易将所学成果转化为论文的方式阅读和分析案例，可以提升案例分析的有效性，并帮助你写出更好的论文。例如，一个考试题目提问：为什么一家公司的竞争优势在过去 10 年中一直在减弱？这个问题暗示了一个问题诊断情境：找出正在损害公司竞争力的原因。“问题诊断”是第Ⅰ篇中使用的三个案例场景之一，提及这一情境的目的在于向你展示如何有效地分析案例。梳理你的案例阅读和分析思路，以确定问题发生原因，对案例写作大有裨益。换言之，当你的分析思路和论文的行文结构相同时，你可以更快、更容易地从阅读过渡到写作。

8.3　如何进行案例写作

一篇案例作文可以回答三个简单的问题：是什么？为什么？如何做？

- 是什么——立场陈述。
- 为什么——论点论证。
- 如何做——行动计划。

8.3.1　立场陈述：是什么

在一篇论文的开头，一份鲜明的立场陈述可以回答读者的第一个问题：你的答案是什么？没有立场陈述，读者会认为论文没有明确的主题或论证方向。案例考试最常见的错误之一就是作者没有向读者提供明确的立场陈述。换句话说，论文中有很多可能的立场，但作者没有表示哪一个他最为认同。对读者而言，以这种方式开头的论文会让作者显得含糊其词，不敢表明立场，这会给读者留下深刻的负面印象。请开门见山地告诉读者你的观点，因为这是读者想知道的。

请注意，立场陈述应出现在论文的开篇，这有几个优点。首先，读者希望你回答他们提出的问题，请不要让读者寻找或等待你的答案出现。其次，批判性的读者在阅读时会评估你的立场。只有当读者知道论点想要证明什么时，他们才能对其进行评估。如果你的结论出现在论文的结尾，他们必须回到论文的开头，才能把证据和论点进行比较。如果他们在看到论证前就得知了论文立场，他们的阅读会更有效。最后，可能也是最重要的一点，论文开篇的立场陈述为读者和作者展示了写作意图。这个陈述是本章其余部分的重点。论文可能的呈现方式、行文结构会被限制在特定范围内：论文的结构需要为读者提供明确的论点、论据，这也是论文写作的唯一目的。

以下段落摘自一篇关于《阿伦敦物资公司：电子产品分部（删节版)》的论文。作者需要对“解释一下近期电子产品分部的衰落”这一问题做出回应。

> 唐·罗杰斯面临着一系列的困难。电子产品分部的业绩目前正在下滑，交货和服务的声誉也在下降。员工士气低落，不信任其他团队的员工，并且陷入无休止的争吵。这些问题很多都可以追溯到外部原因、罗杰斯领导不力、电子产品分部各部门职能失调、文化冲突以及缺乏总公司支持上。

这段话简明扼要地阐述了对这个问题的立场。最后一句话列出了这段话中提到的问题的原因，并让读者产生一种期望，即这些原因中的每一个都将被描述和证明。仅仅通过阅读这几句话，读者就知道了作者的立场（“是什么”），什么让她得出这个结论（“为什么”），以及论文的整体结构。

某些文化中，在论文开篇就直接陈述观点——尤其是当读者是年长的、更有学识或更有权势的人时——可能会被认为是傲慢和咄咄逼人的。但是，除此类希望将立场陈述置于文章末尾的文化之外，绝大多数读者希望作者在论文开篇就告诉他们作者的想法。

8.3.2　论点论证：为什么

本书中的“论点”一词，指的是一种表达你的想法的方式，让读者相信你的观点很可能是正确的。“可能是正确的”这个描述可能会让人感到你在卖弄学识，但它意在提醒我们，证明无条件的真理是非常困难的。前文关于唐·罗杰斯和电子产品分部的段落就是一个例子，要从科学上确定这一段所述的原因几乎是不可能的。但是，“可能是正确的”的标准可以通过数量合理且具有高价值的证据来证明。

几个用来证明非常具体观点的句子就可以形成论证。“唐·罗杰斯没有准备好成为一个大型组织的领导者”这个立场需要几个论点来证明它可能是正确的：他没有一般的管理经验，显然没有接受过领导力培训和商业教育，也没有高人点拨。

你被问到的关于案例的问题通常需要更为详尽、展开的回答，而这些回答无法用短短几句话来证明，这通常需要多个段落来完成。而段落中提出的每一个理由——外部环境的快速变化带来的压力、罗杰斯糟糕的领导能力和决策能力、该部门关键团队的职能失调、文化冲突以及缺乏总公司支持——都需要单独的证据。因此，一篇关于案例《阿伦敦物资公司：电子产品分部（删节版）》的论文的整体论证将由多个论点组成。

论证由结论或立场陈述、标准或原因以及证据组成。每个标准或原因以及与之相关的证据都有助于证明立场陈述。为了帮助你形象化一篇论文长度的论点，请看图表8-1。图表中的标准/原因的数量是没有明确规定的，但请不要仅仅使用一个或使用过多的标准进行论证。对复杂的事物而言，单一的标准往往难以具有说服力，而标准过多也会使论点变得过于复杂，以至于难以理解。

在论文中，大部分内容都要与证据相关。证据包括案件事实、数字、以数字为基础的计算、人物表达的意见、从案例资料中推断出的数据，以及由所有证据综合推断得出的结论。证据也可以分为定量证据和定性证据。当你进行案例写作时，大多数老师都希望你仅仅使用案例中所提供的证据，而不要搜寻案例外的相关证据（除非你的老师要求你这么做）。

图表 8-1　证据的结构

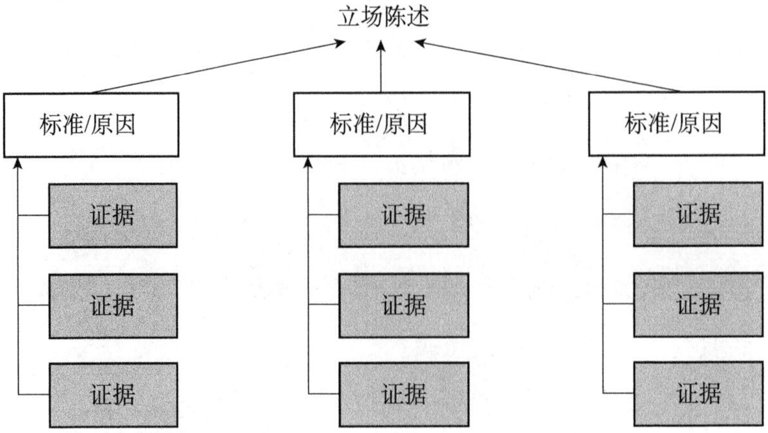

推理的过程需要简短的解释。虽然推理不出现在案例内容中，但它是案例中所陈述内容的逻辑性推断。以下是关于案例《阿伦敦物资公司：电子产品分部（删节版）》的一个例子：

案例事实：对于电子产品分部而言，高利润的政府产品市场正在萎缩。

案例事实：商业市场竞争非常激烈。

案例事实：产品价格正在下降。

案例事实：电子产品分部的成本正在增加。

推论：电子产品分部的盈利越来越困难。

学生们经常发现，论证和写作最困难的部分是使用证据。收集证据，而不是仅仅收集案例事实，你需要知道你在寻找什么。要展开论证，你应该有理由地选择证据。例如，你正在为一个立场陈述进行论证，即零售商史密斯公司不应该从制造商那里获得更多融资，因为这可能具有长期信用风险。你的标准之一是你认为零售商未来的流动性不佳，可能危及其偿还制造商贷款的能力。你必须为你的读者提供证据来证明这个标准，例如：

> 由于流动性所限，史密斯公司可能面临长期信用风险。诚然，它的速动比率为2.53，而且酸性测验比率表明，它的流动资产减去

库存后可以抵消1.26倍的流动负债。这两个指标都表明，该公司能够偿还短期债务，比如所欠的应付账款。然而，一旦关注应收账款，说明其催收期也已经恶化。1996年，史密斯公司的平均收账期为62天，而1998年为82天。同时，平均付账期也从1996年的53天增加到1998年的70天。然而，后者所增天数少于前者，这就给公司的现金流带来了压力，因为史密斯公司的收账期与付账期相差的时间从9天增加到了12天。

在一篇论文中，推理是逐句进行的，因为每一个句子所扮演的角色不同，所以从文章内容的角度说明这一点是困难的。为了让你了解作者是如何在你刚刚阅读的段落中使用证据的，这里有一个加方括号的注释版本。所有的计算都来自这个例子中的数字。

带注释的版本：

由于流动性所限，史密斯公司可能面临长期信用风险［标准陈述］。诚然，它的速动比率为2.53［证据：计算结果］，而且酸性测验比率表明，它的流动资产减去库存后可以抵消1.26倍的流动负债［证据：计算结果］。这两个指标都表明，该公司能够偿还短期债务，比如所欠的应付账款［证据推理］。然而，一旦关注应收账款，说明其催收期也已经恶化［推理来自证据］。1996年，史密斯公司的平均收账期为62天［证据：计算结果］，而1998年为82天［证据：计算结果］。同时，平均付账期也从1996年的53天增加到1998年的70天［证据：计算结果］。然而，后者所增天数少于前者，这就给公司的现金流带来了压力［证据推理］，因为史密斯公司的收账期与付账期相差的时间从9天增加到了12天［证据：计算结果］。

正如你所预料的那样，这一段主要依靠定量证据，因为立场陈述是关于财务问题的。它将基于案例数字的相关计算与推理编织在一起。这些推理告诉读者数字的含义，并将证据与第一句话中陈述的理由联系起来。这段话说明了数字和计算是如何成为强有力的证据的。

然而，这里有一个十分令人困扰的问题：如何处理数字？在书面论证中，一些学生会引用案例中的数字或给出计算，但不解释它们的含义。他们认为身为案例专家的老师自然知道它们的意思，告诉老师计算和数字的意思是对他智力的侮辱！这个假设是错误的，因为老师想让你告诉他你了解这些数字和计算的意义。下面是一个使用上文史密斯公司段落中数字的例子。你提出零售商未来的流动性不支持为其提供更多信贷的决定。然后你指出下面的数字证明了你的观点：

史密斯公司的速动比率为2.53，酸性测试比率为1.26。

1996年的平均收款期为62天，1998年为82天。

1996年的平均付款期为53天，1998年为70天。1996年到1998年平均付款期的所增天数少于平均收款期的所增天数3天。

如果你将这些数字以列表的形式陈述而没有任何解释，你的老师就不知道你是否理解这些数字是如何支持你的观点的（在工作中，你的老板可能会质疑你的专业知识，并对你让他负责解释数字感到不快）。因此，当你在论据中使用数字时，一定要告诉你的读者它们的意思，以及它们与你的立场有何关联。

另一个主要的证据类别是定性的。假设你正在写的是：为什么唐·罗杰斯糟糕的领导能力导致该分部取得令人失望的业绩。他在组织结构上做出的改变损害了分部的利益，这成为支持他的糟糕领导能力的论点。该论证使用了定性事实以及从中得出的推论作为论据。与前面的示例一样，以下段落在第二次出现时带有注释，揭示论据和推论的陈述。

> 罗杰斯进行的组织变革阻碍了电子产品分部的工作。他将分部的大本营迁至总公司，这使他与职能部门分离，让他无法与它们建立联系。因为他把必须一起工作的人分开，导致新产品开发也受到了影响。他将产品开发经理调往总公司，但将产品开发部门留在了工厂。
>
> 此外，他还将销售与市场部门分离，并没有考虑到两者的互补性，也没有对他们表示认同。销售部门的任务不仅仅是销售，更要

为市场部门提供信息。市场部门人员无法有效地与销售人员协作，因为他们缺乏经验，不具备完成本职工作所需的技能或专业市场知识，他们迫切需要销售的市场知识。

带注释的版本：

罗杰斯进行的组织变革阻碍了电子产品分部的工作［原因语句］。他将分部的大本营迁至总公司［证据：事实］，这使他与职能部门分离［证据］，让他无法与它们建立联系［证据推理］。因为他把必须一起工作的人分开，导致新产品开发也受到了影响［推论取证］。他将产品开发经理调往总公司，但将产品开发部门留在了工厂［证据：事实］。

此外，他还将销售与市场部门分离［证据：事实］，并没有考虑到两者的互补性，也没有对他们表示认同［证据推理］。销售部门的任务不仅仅是销售，更要为市场部门提供信息［证据：事实］。市场部门人员无法有效地与销售人员协作［证据］，因为他们缺乏经验，不具备完成本职工作所需的技能或专业市场知识［证据：事实］，他们迫切需要销售的市场知识［证据推理］。

这些段落值得重读一遍，以理解它们是如何一点儿一点儿地积累证据来证明第一句话中的陈述的。这些事实都是从案例的各个部分中精心挑选出来的，并且论证过程将它们与正在被证明的论点联系起来。

请注意示例的另一个特性：史密斯公司和电子产品分部的示例段落的第一句话都告诉读者该段落将要证明的观点，它们还告知读者后面的句子有什么共同点。用同样的句子开始每一个证明段落似乎是机械化和缺乏想象力的，但如果你考虑到这些句子对读者有多大的帮助，你就不会这么想了。

你总是需要和例子中一样多的证据吗？答案取决于许多因素，包括案例的内容、可用的时间、使用案例内容和分析工具的经验以及读者的期望。一个最好的建议是为自己设定一个高标准的证明目标。在呈现更多证据时犯错误比仅仅呈现少量证据更好，因为老师更喜欢证据充分的论文。

由于段落的展开和论证对于案例写作非常重要，我想提出一个决策情境案例的简短论点大纲：是继续实行自由贸易政策，还是实行保护主义（详见图表8-2）。它以一个关于国际贸易的案例考试或作业中的问题开始（在实际的考试或作业中，你可能需要更多的标准和证据来支持它们）。该图表展示了论证中关键要素的逻辑排列顺序以及定量和定性证据的使用。请注意，该论文的论证结构非常简单，我希望这个图表能让你在写作时，将论文的结构简单化。

图表8-2 论证大纲

问题	美国应该继续支持自由贸易还是采取贸易保护主义
立场陈述	美国应该继续支持自由贸易
标准	自由贸易会提升美国低收入者的生活标准，并且不会夺走工作岗位
证明	
标准1	自由贸易提升了美国低收入者的生活标准
证据	研究证明自由贸易可以提升收入处于后10%的人群的62%的购买力 研究同样表明其可以提升中等收入人群30%的购买力 自由贸易通过降低贫困人口所购买的商品的成本的方式提升了人们的购买力
标准2	自由贸易不会夺走美国的工作岗位
证据	占美国就业80%的服务行业不会受自由贸易影响 在制造业中，进口活动所导致的失业人数较少 目前，在制造业中，由于科技代替劳动力所造成的失业人数最多

8.3.3 你的行动计划：怎么做

行动计划包含以下四个要素：

- 描述特定目标。
- 转化关键论点。
- 提供具体步骤。
- 按时间顺序排列。

描述特定目标

行动计划的目标简要地描述了计划的预期结果或最终状态。换句话说，当行动计划实施后，情况会怎样？行动计划的一般目的是改善案例主体的状况。

下面是一个目标描述的例子：

> 短期目标是为公司制定一个清晰的愿景，并为实现这个愿景制定计划。从中期和长期来看，目标是重组组织及其文化，以聚焦客户。

转化关键论点

这似乎是学生最难掌握的行动计划要素。行动计划中的步骤从何而来？你的论证阐明了你的立场和所支持的证据。你的行动计划目标描述了一个期望的最终状态，是两者之间的桥梁。它回答了这样一个问题：你如何从你的论证中得到你所设想的目标情况？需要完成什么才能真正达到这种状态？

在前一节中，你阅读了关于唐·罗杰斯领导力的段落。这些段落以这句话开头：罗杰斯进行的组织变革阻碍了电子产品分部的工作。该段指出，当罗杰斯更换电子产品分部的管理人员以及改变其组织架构时，他阻碍了正常工作的进行。你认为什么行动可以改善这种情况？对罗杰斯来说，最简单的行动就是逆转他所做的一些改变。可以提出一个行动计划步骤：

> 罗杰斯应该安排一次与市场和销售经理的会议，问他们如何才能最好地合作。他应该建议将市场和销售部门的最高管理层聚集在一起，让他们提出其他有助于交换信息和想法的方法。

一方面，行动计划应包括论证中涵盖的所有可行动内容。例如，你的评估论证揭示了领导者在三个方面的不足。行动计划应包括改善所有这三方面的行动步骤。如果论证确定了三个导致问题的原因，就应该分别提出对应三种原因的解决方法。

另一方面，行动计划不应该解决没有在论证中提及的问题。例如，不应出现针对诊断论证中未包含的原因的行动计划。你应注意这一点，这种情况很容易出现，尤其是在考试的时间压力下。制定和撰写行动计划时，学生可能会提出新的观点，这理应是论证的一部分。如果你认为这个新观点很重要，那请在论证部分讨论它。否则，就放弃那些没有被论证的行动步骤。

提供具体步骤

行动计划应包括满足计划目标的具体步骤和结合论点的可行动内容。为考试和作业而写的行动步骤需要足够详细，以便读者了解行动及其将如何帮助实现计划目标。行动计划应在模糊的概括或过多的细节中找到最佳平衡点。

(1) 过于模糊。

罗杰斯应该确保市场和销售部门更好地合作。

(2) 正确做法。

罗杰斯应该把市场和销售的最高管理人员聚集在一起，让他们提出可以交换信息和想法的方法，并在总体上改善他们的工作关系。

(3) 过多细节。

罗杰斯应该在行动计划的第二周与新上任的市场经理比尔·李会面，告诉他自己对市场部门的表现不满意。他应该让李准备一份备忘录，描述他的部门如何更有效地开展市场工作。他还应该在大约同一时间与新上任的销售经理杰克·西蒙开会，让他准备一份备忘录，描述销售如何与市场更有效地合作。他应该比较这两份备忘录，看看它们是否有相似或相同的提议，并将它们作为与李和西蒙会面的起点。

按时间顺序排列

行动计划不仅仅是一系列的步骤，它是一组按特定时间顺序执行的步骤。请将紧急的步骤优先落实，不那么紧急的步骤随后落实，其他的放到行动计划的最后。老师感兴趣的是你如何在计划的时间表上按优先级排列步骤。将行动计划分为短期和长期计划会更容易理解：

- 短期的步骤是紧急的、简单的，或者对长期的步骤而言是必要的。
- 长期的步骤是很难实现的、复杂的、耗时的，或者依赖于先前的步骤的。

8.3.4 行动计划应该出现在什么位置

学生们经常把案例论证和行动步骤结合起来。在他们论证一个观点之后，列出与之相关的行动步骤。这不是一个好主意，原因在于：

首先，案例论证和行动计划有完全不同的行文结构。论证具有逻辑性结构，是根据从立场陈述到标准，或从原因到证据的逻辑展开的。而且，行动计划是按时间顺序排列的，它是一系列随着时间推移而展开的综合行动。事实上，我们无法调和这两种行文结构，将其混为一谈。当作者试图把一个论点和一个行动计划结合起来的时候，必须放弃论证中的逻辑性或行动计划中的时间顺序。通常，作者倾向于放弃时间顺序：行动步骤被插入论证的不同位置，因此读者不可能知道行动的时间顺序。

其次，这会给读者增加阅读难度。一篇在论证和行动之间来回转换的论文会使理解两者都变得更加困难。当复杂的论证中逻辑连贯，不会因插入的行动计划而导致中断时，将更易理解。

将行动计划格式化

行动计划应该在开头解释行动目标。然后在“短期”和“长期”标题下分成若干节。当行动步骤是单独的段落或要点时，最容易理解。

制定行动计划的建议

一个清晰、明确的制定行动计划的方法应按照你认为的时间顺序撰写步骤。这需要你考虑步骤的内容以及它应在何时被实施。我们的大脑不能同时思考两件事，但是，我们会快速地从思考一件事切换到思考另一件事，这会降低我们的整体认知能力。一种更好的方法是在开始撰写步骤时不考虑它们的时间顺序。当你没有主意的时候，按照你认为有意义的时间顺序来安排行动，并寻找你需要填补的时间空缺，以写出更多步骤。

8.4 如何写得清楚、简洁、正确

作者的主要职责之一是改善读者的阅读体验。换言之，作者应该让读者的工作尽可能简单。你可能会认为，对于有文化的成年人来说，阅读是毫不费力的，但这一项工作往往是艰苦的，尤其是当阅读的内容十分复杂的时候。如果作者在阅读中设置了障碍，比如冗长复杂的句子，那么读者理解复杂内容的难度就会大得多。作为一名作者，保证文章清晰、简洁是你的目标，想办法让你的写作像一块玻璃，这样读者就能很容易地看穿你想要表达的思想。当你读下面这段话的时候，请注意你投入了多少精力。

> 事实上，对这种积压的订单而言，在一年的这个时候，工厂正在让采购经理在每个工厂忙于确保他们收到足够的供给来跟上需求，他们甚至不会承受时间的延迟，这一新政策将添加到每年这个时候的流程中，特别是因为没有流程优化而十分繁忙的时候。

即使你投入了大量的阅读精力读完了这段话，也可能不清楚它的意思。现在请读下面的几个句子：

> 积压的订单让工厂采购经理承受着巨大的压力，要确保制造部门在需要原材料的时候收到原材料。采购上的任何延误都很容易导致生产放缓，造成客户不满且订单被取消的后果，并在公司内部引发冲突。从管理人员的角度来看，新政策可能导致采购放缓。

原文的第二个版本被分成几个简单易懂的短句。它使用的词也比原文少，但没有失去原有的意思。

想象一篇论文中有许多与第一个版本相似的句子，那么糟糕的写作会带来一连串的负面影响。读者即使尽力阅读了论文，也不确定论文的意思，他们肯定会对作者的粗心大意或漫不经心感到恼火，这不是你想从写作中得到的结果。

以下是老师以及现实世界中的老板和同事们所推崇的高效写作的品质。有效写作的前提是读者能以最少的力气获得最大的阅读效果。

8.4.1 直接

老师（以及现实世界中的读者）阅读论文的目的只有一个：理解你的想法。含糊其词将导致读者对你所试图表达的思想感到不解，或需要很长一段时间才能够消化理解，这让他们感到沮丧。可以理解的是，你可能会因为担心自己的观点是错误的而感到焦虑，但如果不直接陈述你的立场，你就得不到任何来自读者的赞许或无法取得好成绩。请说出你的想法，并尽力去证明它。

8.4.2 简洁

当你写作时，就意味着你将占用读者的时间。的确，你写论文是因为这是老师给你的任务，但你还是需要让老师充分利用她的时间。写出简洁且不失内涵的句子可以达到这个目的。

本节开头的示例演示了两种写作方法——一种方法有意无意地将理解和梳理论文内容的工作交给读者，而另一种方法则使阅读变得更简单。

8.4.3 清晰

用清晰的句子写作对读者而言十分重要。清晰的句子是透明的，作者通过梳理词语、句子和文章结构的方式，正确运用语言的艺术，向读者传递思想。主动语态、简单的句子结构和读者熟悉的用词是构成清晰表达的要素。

研究表明，使用主动语态的句子比使用被动语态的句子更容易阅读。下面是一个被动语态句子：

> 工厂采购经理正被置于巨大压力下，因为积压了大量的订单，

> 而产生这些订单的原因是，生产所需的原材料被制造部门需要。

把它和下面这句话比较一下，这句话在主动语态中表达了同样的意思。

> 积压的订单让工厂采购经理承受着极大的压力，要确保制造部门在需要原材料的时候收到原材料。

被动语态的句子字数更多，句子更长，使读者的阅读更加困难，且迫使读者花更多的时间思考。使用被动语态本身并不是问题所在，但是你要考虑论文中的被动语态为读者增加的阅读成本。

一个有关句子结构的建议是使用简单的语法模式，使用主动动词：主语—谓语—宾语。下面的句子使用了该模式：

> 从管理人员的角度来看，新政策可能导致采购放缓。

这句话以一个简短的开场白“从管理人员的角度来看”开始。“新政策”与行动动词“导致”搭配，后面是直接宾语“采购放缓”。句子的语法并不重要，重要的是句子结构简单明了，让读者容易理解。

让写作清晰的另一个建议是使用读者熟悉的词语。一个不熟悉的术语会让读者停下来，他们必须决定是查找这个词的意思，还是根据上下文理解它。例如：

> 产品开发会议实例化了一个职能失调团队的大部分特征。

大多数读者在看到“实例化”这个词时都会停下来，要么查找它的意思，要么根据句子的上下文理解它。用一个对他们来说更熟悉的词会更好：

> 产品开发会议体现了一个职能失调团队的大部分特征。

最好的建议是从读者的角度出发，使用他们惯用的语言，包括你可以推测他们了解的技术术语。如果你必须使用一个读者可能不知道的词，那就给它下个定义。

本书的原著是用英文写作的，主要使用美国商务英语的写作风格规范。而现实情况是许多学生离开他们的祖国，在世界各地学习其他语言的案例。如果你也是他们中的一员，应该注意以下两个问题：

首先，用非母语写作的学生可能会陷入一个陷阱，使他们无法集中精力写作。这个陷阱是学生试图凭借丰富的用词、俗语和句子结构给老师留下深刻印象，他们认为这些用词、俗语和句子结构可以彰显他们对语言熟练掌握的程度。这些尝试往往会导致奇怪的单词选择、俗语的误用、句子的语法错误等。

其次，当用非母语写作时，学生通常会写出更符合母语结构和风格的句子。比如英语，在商业环境中使用时，倾向于选择相对简短的句子、简洁的表述和使用与英语相似的语言。书面西班牙语有不同的规范，尤其是在学术环境中：它更适合使用相对较长的句子和丰富的词汇。当说西班牙语的人用英语写一篇遵守西班牙语表达规范的论文时，结果可能令人失望。

为了避免这些问题，请牢记老师阅读你的论文是为了内容和想法，而不是为了文体结构和晦涩难懂的词语。你的书面语言越妨碍读者理解你的想法，你的写作就越有可能受到负面评价。此外，当你写一篇论文时，要避免你不确定的语言选择（单词和俗语）和语法选择。

8.4.4　正确

拼写、语法和标点的错误会影响读者的阅读过程：读者必须纠正错误才能理解句子的意思。一个拼写错误的单词会让读者将拼写错误的字母与他们大脑中的词汇进行比较。如果他们发现拼写错误和一个熟悉的单词非常匹配，并且这个单词在句子中有实际意义，那么他们可以继续阅读。频繁的错误会让读者对作者的粗心大意感到不满，并认为他们替作者进行了校对，而这本应是作者的职责。读者也可以质疑似乎完全意识不到语言错误的作者的写作能力。

8.4.5　逻辑

一篇论文的组织结构可以说是对于读者而言最重要的特征。具有较强逻辑性的写作更容易阅读和记忆，相反，当读者遇到论文各部分内容的逻辑顺序相违背、冲突时，他们会放慢阅读速度，或者在重新梳理思考时停止阅读。

假设你正在写一篇论文来证明对领导者绩效的评估是正确的。你开始讨论领导者在一个标准上的积极表现，接着转向另一个标准上的消极评价，然后，在不通知读者的情况下，返回来完成对第一个标准的积极评价的讨论。这种从 A 到 B 再回到 A 的转移需要读者更多的注意力，这样他们才能在脑海中发现和修复文章逻辑混乱。如果做不到这一点的话，继续阅读无疑会使他们无法理解你的论文。

写作对我们的大脑要求很高。作者不仅仅是在撰写句子表达他的思想，而且也在构建结构——在段落中，将句子和段落有意义地连接在一起，构成一篇引人瞩目的论文。在接下来的章节（第 9、10、11 章）中，你将学习如何为第 I 篇中详细描述的三种核心案例情境（决策、评估和问题诊断）撰写不同结构的论文。

第 9 章 如何进行决策情境案例写作

在你所阅读的案例中，最常见的案例情境类型可能是决策，因为这反映了现实世界企业不断做出决策的真实情况。因此，在使用案例教学法的商业课程中，你很可能必须进行决策情境案例写作。本章描述了决策情境案例写作的要素，为了说明这些要素，本章将使用一篇样文，是学生关于《通用汽车：帕卡德电气公司》案例的写作论文。

进行案例写作的第一步是确定核心情境并进行分析。第 4 章向你展示了如何分析决策情境，与本章内容相辅相成。我建议你在阅读本章之前先阅读它。在本书第Ⅴ篇中，你将找到决策情境案例的学习指南。当你有关于决策的写作任务时，可以使用它来记笔记，并为你的文章创建一个大纲。

9.1 如何进行决策情境案例写作

决策情境案例论文包括以下五个要素：

- 陈述需要做出的决策和可供选择的方案。
- 推荐决策方案（例如：陈述立场）。
- 陈述决策标准。
- 论证推荐原因。

- 提出行动计划。

其中最重要的因素是陈述决策标准，你必须使用相关的标准，寻找案件中令人信服的证据，以支持该标准，并在你的文章中提出这些证据，否则你无法为一个决策做出令人信服的辩护。

9.1.1 陈述需要做出的决策和可供选择的方案

你应该首先告诉读者所需做出的决策（如案例中所述）和可供选择的方案。大多数决策情境案例的内容中都明确指出了以上两个要素。最为简单的决策是选择“是或否”，但是案例也可以有三个或更多详细的可供选择的方案。例如，一个决策可以有两个可行方案：开发具有较多附加功能的新产品B；或者继续销售当前产品A，当然这一方案的制造成本较低。如果案例和问题都没有说明可供选择的方案，你必须自己进行派生、定义方案，但要将方案的选择限制在你认为最重要的决策问题上。

9.1.2 立场陈述：推荐决策方案

许多关于决策情境案例的考试和作业都会问你，你认为正确的决策是什么？当老师开始阅读你的文章时，他想尽快知道一件事：你的立场是什么？这就是为什么你应该在文章的开头清楚简洁地陈述你推荐的决策方案。当你这样做的时候，你和读者达成了一种理解默契：这是我的立场，现在我来证明它。

9.1.3 陈述决策标准

接下来，你将陈述做出决策的标准。你在回答读者（尤其是阅卷老师）的一个主要问题：你为什么推荐这个决策方案？

通常情况下，案例不会说明决策的标准，你必须依据案例内容、你的经验，以及你所学到的适当概念、框架（例如，判断优秀领导的原则）和公式（例如净现值）来推断它们。可靠的标准会引导你找到需要的案例信息，识别最好的方案。有关如何在决策情境案例中寻找或识别可供选择的方案，请参阅第 4 章。

你应该考虑是否可以将标准按照逻辑顺序排列。如果可以的话，当使用逻辑或优先顺序来进行论点论证时，你的文章将会更加连贯和有说服力；如果你没有将标准按逻辑顺序排列，你的论证会让读者感到困惑和脱节，这可能会降低你文章的说服力。

关于标准，你还应该记住另外两点：首先，标准的数量应该仅限于那些对做出决策至关重要的数量范围。对于复杂案例而言，可能有许多对应的决策标准，这一点看起来是正确的，但是要写出一个有很多标准的论文是很困难的，也会让读者难以理解。另一个缺点是，当你有许多标准时，你对每个标准的论证可能浮于表面，不够深入。

其次，有效的标准往往是宽泛的，而不是狭隘的。在某种程度上，标准越笼统，就越具有包容性。但过于抽象的标准将难以涵盖与决策相关的信息。标准选取的诀窍是将标准合理地抽象化。本书中作者使用的标准相当广泛：

- 客户需求。
- 成本。
- 生产流程。
- 公司战略。

然而，为了有效论证，有时必须将标准分解为子标准。例如，成本标准被分解为与案例证据相对应的子标准：重新设计成本和工程变更指令。

9.1.4 论证推荐原因

论证你所推荐的决策方案是一篇决策情境论文的关键部分。在其中，你设置了一些对照点，以展示为什么你推荐的决策方案优于其他方案。最直接的论证你的观点和最容易让读者理解的方法就是使用标准。你已经在文章的开头把它们介绍给了读者，他们会预料到你怎样使用标准。论证部分包括提供与每个标准相关的最令人信服的证据，并展示它如何支持你推荐的决策方案。

9.1.5　提出行动计划

行动计划的目的是尽可能有效地执行决策。当你在制定行动计划时，可以考虑以下几个问题：

- 决策的执行需要哪些行动支持？

——必须采取什么紧急举措？

——还有哪些短期行动是必要的，但不是紧急的？

——长远的计划是什么？

- 谁应该参与实施（或者是谁不应该参与其中）？
- 决策的成功实施需要哪些团体、团队或部门的参与和协助？

——他们在执行过程中扮演什么角色？

——哪些团体、团队或部门可能反对或削弱执行的效果？什么行动可以缓和或消除他们的反对态度？

- 现实落实中可能出现什么问题？哪些行动可以避免或减轻这些问题？

有关行动计划的更多信息，请参阅第8章。

9.2　决策情境论文

下面是一篇关于决策情境的示例论文。请阅读案例《通用汽车：帕卡德电气公司》。在展示学生论文之后，将进行有关行文、内容和写作风格的讨论。

- 案例：《通用汽车：帕卡德电气公司》
- 问题：施拉姆应该怎么做？字数限制是1 500字（注意：本论文的字数比限制字数少）。

帕卡德电气的戴维·施拉姆必须对是否采用RIM护线环做出决策。他有三个方案：

1. 在 1992 年车型中全部使用 RIM 护线环。

2. 增加 RIM 护线环生产线，让 IHG 与 RIM 护线环共同生产。

3. 坚持使用原有 IHG 护线环，继续研发 RIM 护线环。

施拉姆应该建议帕卡德电气只生产和使用 RIM 护线环，理由如下：它满足了客户的需求，节省了成本，改进了帕卡德电气的生产流程，符合公司的整体战略。决策的四项标准是：

- 客户需求。
- 成本。
- 生产过程。
- 公司战略。

9.2.1 客户需求

RIM 护线环需要满足客户的关键需求。如果没有达到这一点，就没有必要使用它。

帕卡德电气的主要客户非常需要 RIM 护线环。他们已经对项目进展如此缓慢感到不满。客户对 IHG 护线环不满意，因为 IHG 护线环容易开裂，导致漏水。人们曾试图解决开裂问题，但都失败了。这似乎是 IHG 护线环设计的固有问题。

RIM 护线环的开裂倾向要小得多，因此，与 IHG 护线环相比不易漏水。RIM 护线环在安装汽车线路的狭小空间中发挥着重要作用，这使其能够以较低的工程投资大幅提高线缆容量。客户甚至表示，他们对 RIM 护线环的价格并不敏感。原因可能是新零件将用于高端汽车，而这种汽车的可靠性比零部件的价格更重要。总而言之，该公司最不应该做的事情就是放弃在 1992 年车型中全部使用 RIM 护线环的决定，即使帕卡德电气的工程师没有得到生产授权。推迟生产该零件也可能会永久性地损害帕卡德电气与客户的关系，损害帕卡德电气在可靠性方面的声誉，并可能促使客户寻找与 RIM 护线环具有类似功能的其他零件。

9.2.2 成本

RIM 护线环将从两个方面为帕卡德电气节约资金：

- 设计成本。
- 工程变更指令成本。

RIM 护线环的重新设计成本比 IHG 护线环低 75％以上，而且不需要经常重新设计，因为它可以提升一倍的电缆可容纳空间。每年可节省约 370 小时的工程时间。此外，这种灵活性使它适用于不同型号的汽车，从而节省了更多的工程费用。由于其灵活性，RIM 护线环将大大减少工程变更指令的数量和成本。降低工程变更指令的成本是帕卡德电气的一个主要经营目标。工程变更指令每年将消耗约 500 名工程师 50％的时间。工程时间成本是 50 美元。RIM 护线环每年可以减少 25％的工程变更指令，也就是惊人的 1 200 万美元。

案例中没有数字来估计维持工程变更指令所需的 45 000 个零件的库存成本。工程变更指令越少，所需的零件就越少，从而降低了库存成本，省下的钱可能相当可观。

9.2.3 生产过程

RIM 护线环的引入将带来生产流程的改进。生产 RIM 护线环只需要三个步骤，相比生产 IHG 护线环所需的五个步骤来说更为简单。这将减少工人的转换次数，提高生产过程的可靠性。这些变化最终将使帕卡德电气更有效率，从而更具竞争力。

9.2.4 公司战略

需要大量投资的创新产品必须与公司的战略相匹配。RIM 护线环符合帕卡德电气的战略，因为它将使帕卡德电气更具竞争力，帮助其最大的客户——通用汽车变得更具竞争力。RIM 护线环提高了帕卡德电气的效率，提高了母公司及其最大客户——通用汽车的竞争力，实现这一目标的方法是在车辆中引入更多的电子元件，这正是RIM护线环的优势所在。提高汽车的质量是RIM护线环所能带来的另一个优势，其通过降低汽车的漏水率实现了这一目标。最后，RIM护线环应该对其他高端汽车制造商具有吸引力，这有助于帕卡德电气扩大其客户群体。

9.2.5 折中的方案

IHG护线环和RIM护线环并行生产的方案存在以下主要缺陷：

- 不能完全满足客户的需求，因为客户将不得不在装配线上使用两种不同的护线环，这可能会导致生产混乱和代价高昂的错误。
- 必须建造、维护和运行两条独立的生产线，这会增加成本，部分原因是需要雇用更多员工。
- 在两条不同生产线上生产两种不同类型的护线环，将增加生产过程的复杂性。
- 折中方案无法与公司的战略匹配，如果疏远了客户，可能会造成不利影响。

9.2.6 风险

然而，选择RIM护线环也有一些风险：项目进展缓慢，可能赶不上最后交付期限。RIM护线环的生产需要全新生产线，技术上也更加复杂，不能保证整个过程能及时完成。此外，墨西哥工厂也有可能无法落实这一复杂的生产流程。如果生产出现什么问题，可能会给客户的运营带来风险。最后，制造部门反对生产RIM护线环，这也可能产生负面影响。

这些风险可以通过行动计划中的具体行动来减少或消除。然而，每一个新产品都存在一定的风险。在这方面，RIM护线环的风险是具有普遍性的。

9.2.7 行动计划

该行动计划的目标是从生产IHG护线环过渡到生产RIM护线环，并降低潜在风险。

短期计划

- 决定使用 RIM 护线环，并向所有人宣布。要强调的是，不能再重新使用原有零件。

- 同时，与其他相关主体进行沟通，RIM 护线环的决策揭示了产品开发过程中的主要问题，这些问题不利于制造部门和其他利益相关者，需要作为长期目标加以解决。

- 尽快组织一支专业的产品开发和制造工程师团队，完成 RIM 护线环项目，最重要的是制定生产流程。根据需要为该团队调配资源，以在 1992 年车型的最后交付期限前完成。每周更新进度管理。

- 向客户报告进度。

中期计划

- 建立 RIM 护线环生产线，进行测试并开始生产。

- 组建另一个包含产品开发和制造部门的联合团队，将他们派往墨西哥的工厂，为生产 RIM 护线环的员工和管理层提供培训和指导，帮助他们做好生产 RIM 护线环的准备。

- 召开制造部门经理和工程师参加的研讨会，解释 RIM 护线环对客户和帕卡德电气的好处。坦率地告诉制造部门，产品开发过程虽然给它们带来了较大压力，但需要明确的是，制造部门的目标不是进行完美的产品设计，而是及时优质地生产产品。

长期计划

- 利用从 RIM 护线环中节约的资金，建立一个由所有利益相关者组成的团队，负责重新设计产品开发流程，使其代表所有利益相关者的利益，保持产品开发进度，使其掌握充足资源，并根据客户的需要进行调整。

- 改进 RIM 护线环生产流程，提高效率、可靠性，降低成本。

9.3　讨论决策情境论文

下面的讨论指出了作者如何使用决策情境中的关键元素来构建论文，并仔细研究了使文章易于阅读的标准，提出了如何进行整体评估的证明和提升写作质量等问题。

9.3.1　陈述需要做出的决策和可供选择的方案

样文回答了以下问题：

> 戴维·施拉姆应该怎么做？

施拉姆是案例的主要角色，案例的第一部分就告诉我们，他被要求为帕卡德电气委员会推荐决策：是否开始使用 RIM 护线环，以用于传导汽车装配的线缆。首先，这个决策被认为是非此即彼的选择：是否接受使用新零件。然而，案例的最后一部分描述了三个具体的方案，作者对它们进行了总结：

- 在 1992 年车型中全部使用 RIM 护线环。
- 增加 RIM 护线环生产线，让 IHG 与 RIM 护线环共同生产。
- 坚持使用原有 IHG 护线环，继续研发 RIM 护线环。

9.3.2　立场陈述：推荐决策方案

作者提供了一个明确的立场声明，这是重点：

> 施拉姆应该建议帕卡德电气只生产和使用 RIM 护线环，理由如下：它满足了客户的需求，节省了成本，改进了帕卡德电气的生产流程，符合公司的整体战略。

有时，学生试图在他们的立场声明中写得太多，结果导致声明混乱，如下面的例子所示：

> 这是一个复杂的决策，施拉姆的处境艰难，因为时间很短，而且由于各种原因，制造部门反对生产 RIM 护线环，正如我们在后面的案例中了解到的。他知道无论他的建议是什么，都会让人不开心。他也可能被指控决策带有偏见性，因为他来自一家从事产品开发的公司。

其中的一些问题可能值得在本文中讨论。然而，在文章的开头，读者想知道的是作者的选择，而不是背景介绍。你可能会读到简短的立场声明，发现它很简洁，也不是很有趣。在某些情况下，对于立场声明的不有趣的评判是公正的。然而，如果论文能够满足特定读者的需求和期望，特别是读者是想知道你的答案的阅卷老师，那么简洁的立场陈述的用处很大。阅卷老师在得到这些信息之前，不能对这篇文章进行评估，而立场陈述能告诉他想知道什么。

在一份强有力的立场陈述中，你做出决策推荐后，要阐述选择该决策方案的理由。这些原因为本文的论证提供了高层次的概述。样文的作者在他的立场陈述的第二部分做到了这一点。

9.3.3 陈述决策标准

随后，作者告诉我们，他将使用四个标准来论证他所推荐的决策：

- 客户需求。
- 成本。
- 生产过程。
- 公司战略。

作者没有使用正式、集成的框架，但是他确实使用了运营课程中学到的概念——客户、与制造相关的成本、生产流程和策略——来确定适合该案例的标准。标准的选取应以案例内容为基础，在案例叙述中，作者发现了与四个运营概念相关的证据，而且它们似乎都与施拉姆的决策有很强的联系。

最基本的决策是，是否要完全投入新零件的研发生产，因为新零件比原有零件有优势，但也存在风险。第三个方案是运行两条独立的生产线，这可以看作一个折中的解决方案。如果作者认为证据不能完全支持全部生产和使用新零件或旧零件的方案，而且折中方案的成本和资源需求是可以接受的，那么他可以选择这个方案。

正如上文所述，你应该始终问问自己的决策标准是不是按逻辑顺序排列的。样文反映了作者认为最能体现其论证逻辑的顺序：

- 作者认为，客户需求是第一位的。“RIM 护线环需要满足客户的关键需求。如果没有达到这一点，就没有必要使用它。”
- 成本是第二个标准，因为在作者看来，生产和使用 RIM 护线环所产生的成本问题与公司的主要内部效益相关。
- 公司的生产过程能从 RIM 护线环中获益。然而，它没有其他标准重要，因为关于它的证据有限。
- 公司战略是最后一个标准，因为前面的标准提供了证据，证明新零件符合帕卡德电气的战略。例如，帕卡德电气的战略目标之一是扩大客户基础。作者认为 RIM 护线环对客户有很高的价值，并将其归为有助于吸引新客户的战略范畴。

当你在文章开头陈述标准时，要意识到你为读者设定了期望。他会假设你将按照列表的确切顺序来论证你的标准。如果你打乱了顺序，读者会感到迷惑。在本书所描述的讨论过程中，你可能会犯小错误，这些错误会引起读者的困惑，它们可能看起来微不足道，但请记住，小的错误会累积成大的错误，并导致读者对你的论文留下不好的印象。

9.3.4 论证推荐原因

样文在行动计划之前，用了一多半段落对推荐的决策方案进行了论证。这可能看起来有些过分，但实际上，在决策情境论文中，这是合理的内容分配。老师对你如何论证观点很感兴趣，他们在课程中投入大量的时间来帮助你学习如何批判性地思考一个问题。案例写作就是一种让他们衡量你能在多大程度上对案例情况进行推理，并在辩论中表达你的观点的方法。

样文的论点从客户需求标准开始，提出 RIM 护线环必须满足对客户而言足够重要的需求，才能使帕卡德电气值得冒风险生产和使用。然后，论文详细说明了这些问题，并进一步指出，1992 年车型不使用 RIM 护线环可能在几个方面对帕卡德电气不利。论证证据是定性的，并结合了案例事实（“帕卡德电气的主要客户非常需要 RIM 护线环。他们已经对项目进展如此缓慢感到不满。”）。

成本标准的论证在很大程度上依赖于定量证明。作者表示，RIM 护线环将节省帕卡德电气的资金，这一段的目的就是证明这一说法。他将成本分成两类，并根据案例中不同的定量证据进行分析。如果你仔细阅读关于节约成本的论点，你会发现其不仅仅引用了案例中的数据，让我们研究一下作者关于成本的论证。

样文中定量证据的第一个例子是关于重新设计成本的论证。作者用数字证明，RIM 护线环的重新设计成本很可能比 IHG 护线环低得多。接下来是他关于成本节约的论证中最有力的证据：作者只能说，RIM 护线环将节省工程变更指令成本，然而，估计节约金额不是更有说服力吗？作者做了一个“封底”计算，其中只有一个假设：RIM 护线环每年可以减少 25%的工程变更指令。这一假设使作者能够估计成本节约，这是一个非常有力的证据。事实上，作者在工程变更指令时间的成本计算方面保留了较大自由计算空间，在任何合理的假设下，这一节省都将是可观的。

在对推荐的决策进行论证之后，作者必须解释折中的方案，即为 RIM 护线环和 IHG 护线环运行两条平行生产线。作者运用了他的决策标准来证明这种方案有很大的缺陷。

论证的最后一部分以“风险”开头。毫无疑问，每个决策都有风险。你可能认为通过省略风险部分，你的论证观点会得到强化，但老师通常会对全面的论证，即是否涵盖可能存在的风险问题进行奖励。然而，仅仅识别风险是不够的，你应该能够提出反对风险的意见，解释为什么它们不会发生，它们是不重要的，可以被减少或消除，或者以一种不会对决策施加强烈影响的方式存在。样文在行动计划中讨论了如何应对可能的风险。

9.3.5 提出行动计划

行动计划从一个目标开始，有三个按时间顺序排列的部分（行动计划也可以按短期和长期的步骤来写），清楚地表明行动计划的时间顺序是至关重要的，因为你希望读者能理解你所建议的行动时间顺序。

行动计划的目标是执行决策。样文中增加了第二个目标：降低风险，这是通过几个操作步骤得以实现的。第一个短期步骤包括“不能再重新使用原有零件”，这向所有人发出了一个信号，即决策已经板上钉钉，公司不会容忍试图推翻这一决策的行为。

与此同时，下一步就是让公司的每个人都知道产品开发过程已经中断，但其一定会得到修复。

大多数情况下，短期计划的实施都迫在眉睫。该决策方案实施的核心是组建一个跨职能团队，并投入所有必要的资源，以在1992年车型投产的最后期限前完成RIM护线环的交付。

中期计划是可以或必须等到短期计划正在被实施或完成后才能开始的行动。

长期计划的实施需要与长期或复杂的项目相关，或优先级较低的步骤的完成。在样文中，主要的长期计划是对产品开发过程进行重新设计。重新设计是必要的，因为现有流程没有发挥应有作用。与RIM护线环的客户合作的产品开发工程师和帕卡德电气的产品开发团队或制造部门之间没有合作，导致该零件的开发远远落后于计划，生产也大为推迟。重新设计属于长期计划，因为它必须等到RIM护线环准备好全面生产后才能被实施。

9.3.6 写作清晰、简明、正确

样文的句子大多很短，语法也很简单。作者关心的是尽可能清晰地

表达自己的思想，而不是用多余的单词和复杂的句子结构来修饰自己的句子。许多关键语句都是简单的句子，比如：

> RIM护线环需要满足客户的关键需求。如果没有达到这一点，就没有必要使用它。
>
> RIM护线环的开裂倾向要小得多，因此与IHG护线环相比，不易漏水。

作者通常在段落开始时用句子告诉读者这段话将证明的观点，例如：

> RIM护线环的制造成本高于IHG护线环，但两者之间的成本差距将逐渐缩小。
>
> 由于其灵活性，RIM护线环将大大减少工程变更指令的数量和成本。

这篇文章结构严密。作者使用决策情境论文的要素进行了精心构建。文章使用列表列出决策方案和标准，以便读者阅读。然而，作者并没有过多使用短句以描述要点。他把小标题置于论文的不同部分，以引导读者阅读论点和行动计划。章节高度概括了各部分的内容，随后的论述也没有偏离主题。

这篇文章没有语法、标点或拼写错误。写作时，百分之百正确始终是我们的目标。要经常校对你的文章，进行考试写作时，也尽量在最后留一点儿时间。这不会花很长时间，而且会帮你给读者留下好的印象，并有助于提高你的成绩。寻找优先级高的错误，比如因语法错误产生的晦涩难懂的句子，以及标点符号使用错误或缺失等。

第 10 章

如何进行评估情境案例写作

评估情境案例描述了需要对某个主体（如个人、团队、产品或服务、公司、国家、战略或政策）进行更为深入的理解的情况。这种更深层次的理解来自对主体的价值、绩效、效率或所造成的事件后果的评估。

案例的主要人物可以是负责评估的主体或被评估的主体之一。老师也可能选择一个案例的某一方面，让你写一份评估报告。本章的样文就是如此，该学生被要求评估《20 世纪 90 年代的马来西亚（A)》中的一个重要因素。

进行案例写作的第一步是确定核心情境并进行分析。第 5 章向你展示了如何识别评估情境案例，与本章内容相辅相成。我建议你在阅读本章之前先阅读它。在本书第Ⅴ篇中，你将找到评估情境案例的学习指南。当你有关于评估的写作任务时，可以使用它来记笔记，并为你的论文创建一个大纲。

10.1 如何进行评估情境案例写作

评估情境案例论文包含以下五个要素：

- 陈述整体评估（即陈述立场)。
- 陈述评估标准。

- 进行评估论证。
- 关注突发事件。
- 提出行动计划。

与决策情境论文一样，评估情境论文最基本的元素是所使用的标准。如果不使用相关的标准，你无法对评估进行有说服力的论证。标准来自案例内容，你的经验，与内容相关的概念、框架和公式，如会计原理或营销4P。

10.1.1 立场陈述：陈述整体评估

你的论文应该在开篇做出一个整体或基线的评估判断，这是立场陈述——论文中最重要的陈述。整体评估通常会涉及主要的正面和负面评价。案例的整体评估很少是完全正面或负面的（但不排除个例），因为案例反映的是现实世界。在现实世界中，大多数被评估主体既不是完美的，也不是无药可救的。当你从两个方面看问题时，会赢得读者的信任。

以下是案例中的正面或负面整体评估的例子：

- 尽管经历了一些挫折和失败的开始，但自升职以来，刘嘉莉一直表现出色。(整体正面)
- 在该行业的新进入者能够以更低的价格提供同样服务之前，该公司的战略是有效的。但该公司没有预见到行业的潜在发展趋势，也没有及时做出反应以保持竞争力。(整体负面)

10.1.2 陈述评估标准

案例一般不会指出评估标准，你可以从案例证据、你的经验以及你所学到的相关概念和框架中进行推断和选择。有关如何在评估情境案例中识别标准的内容，请参阅第5章。

你应该考虑标准的选取是否具有逻辑顺序。如果有的话，请依据有逻辑顺序的标准进行写作（如果你忽略了逻辑顺序，论证可能会让读者感到困惑和难以理解）。

关于标准还有另外两个关键点。首先，标准的数量不应过多，应仅选取那些对评估至关重要的标准。似乎在评价一个主体时，应使用很多标准，但是要写出一篇有很多标准的论文是困难的，这也会让读者难以理解。此外，当论文有很多标准时，每一个标准的证明都很可能很不充分。

其次，根据具体情况，可靠的标准可以是宽泛的，也可以是狭隘的。在某种程度上，标准越笼统，就越具有包容性。过于宽泛的标准的选择对你的论证没有帮助，因为其无法提供有用的相关信息。标准选取的诀窍是进行抽象和概括。有关如何分析案例中的评估情境的内容，请参阅第 5 章。

10.1.3　进行评估论证

你的评估论证通常是论文中最长的部分。标准论证可以帮助你梳理论文结构，并让读者容易理解论文内容。你已经在论文开篇将标准介绍给了读者，他们可能希望你使用这些标准进行论证。论证包括提出与每个标准相关的最令人信服的证据，展示它如何支持你的整体评估，以及承认与你的整体评估结论相反的证据。

准确的评估需要涵盖与主体有关的所有标准。学习和实践如何评估案例有助于培养两种有价值的思维习惯：

- 坦诚分析。
- 认真对待与整体评估结论相反的证据。

10.1.4　关注突发事件

每一个评估都有偶然性：当前的状况或潜在的事件可能会对你的整体评估产生影响。在案例论文中，你应该只关注主要的突发事件——那些有可能改变整体评估的事件。

你可能需要对一段时期内的通货膨胀率做出财务预测。如果在这一过程中，发生了无法预测的事件，对通货膨胀率产生重大影响，那么你所得出的预测结论就有可能是错误的，因为突发事件影响了预测的准确性。因此，这一财务预测取决于对通货膨胀以及可能发生突发事件的合理推测。同样的情况也可能发生在评估情境案例中。假设你正在评估一个营销计划，然而，你意识到一个重大的突发事件可能会彻底改变整体评估：

> 营销计划的成功取决于一支知识渊博、人员稳定的销售队伍。如果公司不能降低目前销售人员的流动率，这个计划很可能会失败。

当你在论文中描述突发事件时，如果你能解释如何控制或消除它，将会更有说服力。

请注意：评估并不强制要求关注突发事件。在案例分析过程中，不要花费大量的时间寻找突发事件。如果你在做计划和写论文的时候没有意识到突发事件的存在，就不要强迫自己去寻找。

10.1.5 提出行动计划

行动计划的目标是改善情况。制定行动计划的最好方法是按时间顺序排列步骤，并将它们分为短期和长期计划（如果必要的话，还有中期计划）。当你在制定行动计划时，可以考虑以下几个问题：

- 谁最能从行动落实中受益？
- 必须采取什么紧急举措？
- 还有哪些短期行动是必要的，但不是紧急的？
- 长远的计划是什么？谁应该参与行动计划？（或者是谁不应该参与其中？）
- 行动计划可能会出什么问题？哪些行动可以避免或减轻这些问题？

有关行动计划的更多信息，请参阅第8章。

10.2 评估情境论文

下面是一篇评估情境论文的示例。请阅读案例《20世纪90年代的马来西亚（A)》与论文。学生论文之后，将进行有关行文、内容和写作风格的讨论。

案例：《20 世纪 90 年代的马来西亚（A)》

问题：马来西亚总理马哈蒂尔·宾·穆罕默德对国家发展战略表示满意。请评估该战略，一定要发现其优点和缺点。字数限制是 1 500 字。(注意：本论文字数比限制字数少。)

马来西亚总理马哈蒂尔认为，该国的发展战略是成功的。总体而言，我同意。它促进了经济的强势增长，是社会和政治稳定的基础。然而，该战略有两个薄弱环节：过度砍伐和民族间的财富转移。虽然他对外国环境保护主义的批评感到不满，但这不应阻碍他理解该战略的薄弱之处。

我将用四个标准来评估马来西亚的发展战略：经济、社会环境、政治和环境问题。评估分为优势和劣势两个部分。

10.2.1 优势

经济

马来西亚的发展战略促进了经济的强势增长。过去十年，马来西亚国民生产总值的年复合增长率为 5.89%，仅次于“亚洲四小龙”。货币稳定，通货膨胀率在下半年回落到较低水平。失业率相对较低，表明经济状况良好，政府很好地管理了金融资产，控制了债务，尤其是外债，而且政府支出相对于收入的比例没有提高。个人消费领域成为该国经济的最大市场。政府战略的基石是减少大宗商品出口，提升高附加值产品出口，案例资料 2 显示该战略奏效。高附加值产品占国内生产总值的比重上升，而大宗商品的占比下降。

1990 年，出口占国内生产总值的比重最大。农业、渔业和林业占马来西亚国内生产总值的 19%，是仅次于服务业和制造部门的第三大国内生产总值来源。林业的发展带动了橡胶、油棕等产业的发展，这些产业是在原始森林被砍伐后发展起来的。橡胶和油棕出口占马来西亚出口的 10%。

马来西亚政府鼓励发展林业下游产业的做法是正确的，这提高了就业率。例如，在沙捞越地区，近十分之一的市场劳动力从事林业和相关行业。当前的政策通过将越来越多的劳动力转移到高附加值产品生产和加工产业，在一定程度上遏制了森林的砍伐。发展林业下游产业的另一个好处是，它逐步减轻了经济对大宗商品的依赖，从而减弱了大宗商品价格波动所带来的负面影响，使经济更加独立和稳定。

社会环境

社会环境是马来西亚最大的弱点。这个国家是多民族的，马来西亚土著占总人口的50%，其余的人口主要是华人和印度人。从历史上看，后两者都拥有比马来人更多的财富和政治权力。因此，民族紧张局势是一种严重的危险局面，紧张局势在20世纪60年代末爆发，引发骚乱和伤亡，威胁到国家的稳定。

政治

国家的政治体制以新的收入再分配政策来应对社会危机。由于马来西亚经济的增长，该政策取得了成效。

虽然各政党按民族划分，但它们结成了跨越民族分歧的联盟。这种包容的做法可能在危机期间拯救了这个国家。政府本可以袖手旁观，看马来人赶走富裕的华人和印度人，或者采取歧视手段制裁华人和印度人。然而，政府显然意识到，这些措施将严重损害经济发展，使每个人的情况变得更糟。

政府实施了新经济政策，进行财富再分配。涉及教育和经济领域的大部分人都参与且获得了配额。这项政策缩小了主要社会群体之间的收入差距，主要是因为良好的经济增长提高了所有群体的收入。

大力发展林业是新经济政策取得成功的原因之一。1976年，沙捞越地区的月平均收入为719马来西亚林吉特，这低于全国850林吉特的平均水平。到1990年，由于林业和相关产业的发展，沙捞越的月平均收入为1 208林吉特，高于全国平均的1 167林吉特。在这段时间里，马来人在沙捞越的收入年复合增长率为 4.8%，高于全国平均水平的 2.7%，高于任何其他民族。尽管取得了这些成就，他们仍然是该国最贫穷的民族。

环境问题

环保组织的建议值得部分肯定。他们提醒政府关注不可持续的砍伐活动，其可能阻碍了中长期战略，即发展以木材为原材料的高附加值工业的落实。但环保人士是从全球视角看问题的，而没有试图从马来西亚的角度来看待目前的局势。

他们威胁西方将抵制马来西亚木材的出口，这一举动无疑是徒劳且愚蠢的，这将他们与马来西亚政府对立。该国大部分的原木出口至远东，尤其是日本。而这些地区的国家加入抵制运动的可能性较小。只有大约10%的马来西亚木材出口到美国，而美国是最有可能抵制马来西亚木材出口的国家。

10.2.2 劣势

环境问题

政府官员间接承认，目前的砍伐速度是不可持续的。他们承认有10%到 20%的生产过剩，而且很有可能在没有任何阻碍的情况下提高到30%至 50%。沙捞越州政府接受了国际热带木材组织（ITTO）的一份报告，该报告呼吁将每年的木材砍伐减少 50%，这也表明政府含蓄地承认目前的砍伐水平是不可持续的。

该国不可持续的伐木活动最终将超过木材的自然恢复能力，并导致林业崩溃，致使经济增长的主要引擎之一消失，随着经济蛋糕的缩小，将再次引发民族紧张局势。此外，这将是一个政府无法快速修复的问题，恢复森林通常需要几十年的时间。

政治

新经济政策是解决经济不平等的权宜之计。这种做法奏效了，但会造成长期的负面影响。它要求企业必须拥有马来人合伙人，而马来人不需要对企业有任何贡献。从经济角度来看，这将提高华资和印资企业的经营成本。新经济政策没有鼓励马来人建立自己的企业。因此，这并不能长期解决收入不平等问题。

突发事件

马来西亚发展战略的最大弱点是经济增长放缓。经济增长推动了新经济政策的成功，这让马来人满意，因为他们的收入不断增长。然而，经济的大幅下滑将使收入增长停滞或转变为负增长，这对马来人的伤害最大，因为他们的收入远低于华人或印度人。经济蛋糕缩水的影响可能再次导致民族和政治冲突。

10.2.3 行动计划

行动计划目标：马来西亚政府应在短期内维持现行政策，但从长期来看，必须解决不可持续的伐木和新经济政策所造成的经济扭曲问题。

短期计划

• 总理应该告诉西方国家和环保组织马来西亚将不会大幅减少伐木。他还应该明确表示马来西亚将继续遵循当前的发展战略。

• 但总理应该告诉议会，该战略需要修改，否则可能会损害未来的经济增长潜力。他应该与各方展开对话，讨论如何更好地管理自然资源，改变新经济政策的条款，以消除经济扭曲，同时继续大力支持提高马来人的收入。

• 总理应该组建一个由政府机构和利益相关者组成的特别工作组，为管理该国所有自然资源，尤其是木材，制定一个整体规划。工作组的任务是制定一项计划，平衡国家的短期和长期经济需要以及推动森林保护，让林业产品为经济发展服务。

• 与此同时，政府应该雇用更多的林务员来阻止非法砍伐，并逐步缩小伐木的规模。中央政府还应该接管沙捞越的特许经营系统，以减少腐败和过度砍伐的状况。

长期计划

- 政府应该修改新经济政策，逐步取消所有企业必须有马来人合伙人的要求，直接向马来人提供资金、教育和技术支持，帮助他们开办自己的企业。政府还应考虑为马来人设立经济区，在该经济区内，企业可以在一段时间内免税，并提供其他激励措施。
- 政府应该逐步采纳国际热带木材组织的建议，雇用更多的林务员，并且扩大森林保护区的面积。
- 政府应该把森林保护区推广为旅游目的地。国际环境组织可能愿意为其提供技术专家，以对其进行管理，并对该森林保护区授权，使其成为受认可的旅游目的地。

10.3 讨论评估情境论文

下面的讨论指出了作者如何使用评估情境中的关键元素来构建论文，并仔细研究了使论文易于阅读的标准和如何进行论证来提高写作质量。

10.3.1 立场陈述：陈述你的整体评估

作者简洁地告诉读者他的立场：

> 马来西亚总理马哈蒂尔认为，该国的发展战略是成功的。总体而言，我同意。

然后他列出了立场所包含的两个积极原因和两个消极原因，这表明他是客观的，没有忽视与他的立场不一致的结论。他直截了当地提出与他的立场相冲突的原因使整体评估更加可信。

作者在第二段简要告诉读者评估的原因和标准，他也可以陈述原因，省略关于标准的段落，或者简单地陈述他的标准。只要读者知道你的评估依据，他们就能预测论文的结构和内容。然而，当你在论文中同时提出标准和原因时，读者就会获得更多关于预期内容的信息。

10.3.2 陈述评估标准

论文的主要部分围绕以下标准展开：经济、社会环境、政治和环境问题。作者的标准来自宏观经济学和其他分析概念。以案例结构和内容为依托，这些概念有助于理解马来西亚的发展战略。论文的节标题表明了评估标准，并给予读者强烈的结构信号，让读者了解论文的结构。

在第二段中，作者为读者提供了关于论文结构的重要信息。他陈述了自己的评估标准，并说他会先讨论优势，再讨论劣势。读者现在知道论文的结构如何。他们可以预测阅读的结构和内容，在脑海中形成关于论文内容的地图，这就创造了放置信息和记忆信息的空间。

10.3.3 进行评估论证

作者首先要做的是排列论点以进行整体评估。他有两个基本的选择：根据优势和劣势，或者根据标准。以下是他的论点大纲：

- 优势：

——经济（标准）。

——社会环境（标准）。

——政治（标准）。

——环境问题（标准）。

- 劣势：

——环境问题（标准）。

——政治（标准）。

正如你所看到的，他把优势和劣势作为他的主要类别，并使用与每个类别相关的标准来论证它们。请注意，优势和劣势部分有两个共同的标准，因为它们同时揭示了优势和劣势，这在公正的评估中是十分常见的。

作者可以使用的另一种论文结构：

- 经济（标准）：

——优势。

- 社会环境（标准）：

——优势。

- 政治（标准）：

——优势。

——劣势。

- 环境问题（标准）：

——优势。

——劣势。

你需要了解可以重复使用的论文结构，因为你可以把它当作写作模板，不必每次都重新创造结构。这两种评估结构都是有效的，但这并不意味着一个明显优于另一个。请选择一个你认为最清晰、最具说服力的结构。

作者首先论证了他的立场陈述——正如马来西亚总理所声称的那样，发展战略已经成功。作者的第一个标准是经济。显然，这是衡量一个国家发展战略的主要标准，而且案例的证据大多都与经济相关。

经济的相关论证通常需要使用数据作为证据。作者挖掘了一些数据来支持他的观点。他引用一般经济指标、出口数据和以木材为基础的附加值产业发展数据。这是一个很好的例子，说明如何使用概念和度量等参数提供证据。这也说明了为什么多样的数据比一两个数据更有说服力。所有的数字都支持作者的立场（缺乏定量证据的案例可能只会为你提供一两个数据）。

社会环境的证据几乎完全是定性的，而论文的政治部分展示了如何将定量与定性证据相结合。政治部分认为，新经济政策平息了一场政治和社会冲突，这场冲突可能会破坏该国的稳定性，并有可能阻碍经济增长。

在环境问题部分，作者指出，国际环保主义者的站位是不考虑马来西亚情况的全球视角。他还表示，西方对马来西亚木材的禁令不会损害该国经济，也不会迫使其修改发展战略。

然而，环保人士确实提出了政府应该关注的伐木问题。作者在谈到发展战略的弱点时指出了这一点。他发现有证据表明木材的砍伐是不可持续的。政府承认自己的计划中出现了生产过剩的问题，沙捞越州政府也接受了国际热带木材组织的报告，呼吁每年减少50%的木材产量，这间接承认了目前的砍伐水平是不可持续的。

这两项关于不可持续砍伐的证据很容易被忽视。事实上，在案例快结束的时候，这个问题的讨论还在持续。要注意到这样的证据，你必须知道你在寻找什么。作者对环境问题的关注将他的注意力转向了环保主义者所提出马来西亚木材产业失控的证据。案例的呈现结构在某种程度上掩盖了马来西亚政府和环保人士的共同担忧，尽管两者的出发点不同。报告称，外国环保人士关注的是环境保护和全球需求，而政府主要关注的是伐木业作为经济繁荣的驱动力。尽管他们自身没有意识到，但政府和外国环保主义者共同关心的是可持续性，即收益和保护之间的平衡。要让伐木业既能促进经济增长，又不会最终阻碍经济增长，还能维持环境平衡，这是作者富有洞察力的评论。

发展战略的第二个弱点是新经济政策。作者认识到，这项政策提高了马来人的收入，但激励措施也让经济扭曲，产生了不利影响。

在突发事件部分，作者解释了他认为能帮助维持马来西亚经济增长但最容易受到影响而改变的条件。持续的经济增长使新经济政策发挥了作用，从而维持了马来人、华人和印度人这三大民族之间的和平，因为他们都从中受益。经济衰退可能会破坏这种平衡。作者说，经济的负增长几乎肯定会在更大程度上伤害马来人，而不是富裕得多的华人或印度人。

10.3.4 提出行动计划

行动计划的目的是强化评估所提出的优势，改善评估所提出的劣势。样文的行动计划有与论证一致的目标：它要求维持成功的战略和采取行动来弥补其弱点。短期计划结合了维持当前发展战略的和强化未来战略的目标，提出了相关行动步骤。

长期的目标以短期目标实现为基础，要求对林业进行改革，从而支持可持续的木材出口和以木材为基础的增值制造业的发展。其中一项措施建议将消极因素（伐木）转变为积极因素：发展马来西亚的雨林旅游业。长期的措施还针对评估所揭示的第二个弱点，提出更改新经济政策的条款，为占全国大部分人口的马来人及其经济独立提供直接支持。

10.3.5 写作清晰、简明、正确

这篇论文的句子大多很短，语法也很简单。以英语和非英语为母语的人都有一个共同的误解，即长句和语法复杂的句子会表明作者很聪明，但实际上，句子的长度并不能向读者证明你聪明与否。对读者来说，真正重要的是思想质量和清晰表达。简单的短句或复杂的长句都可以达到这一目标，但前者更安全。句子越长，语法和标点错误的风险就越大。如果读者不确定作者的意图，他们就无法进行高质量的思考。

这篇论文的作者——一位非英语母语人士——力求清晰地表达自己的想法。他没有试图用多余的单词和复杂的结构来修饰句子。这篇论文的许多关键语句都是简单的句子。论文的前三句话可以说是论文中最重要的，因为它们回答了案例问题，让读者知道阅读任务是简单还是困难：

> 马来西亚总理马哈蒂尔认为，该国的发展战略是成功的。总体而言，我同意。它促进了经济的强势增长，是社会和政治稳定的基础。

注意句子都是简单的主语—谓语—宾语，只有第二个句子没有宾语。虽然它们在结构上很简单，但有效地传达了作者的思想，满足了读者想要得知答案的需求。作者通常在段落开始时用句子告诉读者这段话将证明的观点，例如：

> 马来西亚的发展战略促进了经济的强势增长。

社会环境是马来西亚最大的弱点。

对于读者来说，了解这段话的意思是至关重要的。但是句子的位置也很重要，因为它能给他们提供信息。当读者在阅读论证之前就知道主要思想，他们会更容易理解该论证。这给他们设立了参照点，可以把每一句话都和主要思想联系起来。当段落的中心思想在段落末尾时，读者必须记住前面所有的句子，直到他们知道这些句子想要证明什么。

样文的标题表明了论文的主要内容，把标题想象成引导读者的路标。论证部分的标题是优势和劣势，以及用来论证评估每一方面的标准。

行动计划的标题标志着论证和行动之间的界限，这一点是读者所喜爱的，因为主题之间有很大的不同。在行动计划中，标题表示行动的期限（短期或长期）。

第 11 章

如何进行问题诊断情境案例写作

案例中问题的出现有果必有因，这些原因包括：以往的行动、现有的流程、所开展的活动，以及各方力量的角逐等。许多案例中的问题诊断情境都与反常态商业有关：经理表现不佳、变革举措未能实现目标、公司违反法律和道德规范。另外，如何理解企业的成功也很重要。为什么脸书会成为占据主导地位的社交媒体平台？问题可能落在完全成功和彻底失败的两极之间。

一些时候，你可能需要进行问题诊断情境案例的写作。第一步是确定核心情境并进行分析。第 6 章向你展示了如何在问题诊断情境中做到这一点，与本章内容相辅相成。我建议你在阅读本章之前先阅读第 6 章。在本书第Ⅴ篇，你会找到一个问题诊断案例的学习指南。当你面临一项涉及问题诊断的写作任务时，用它来记录案例并创建写作大纲。本章还包括一个关于问题诊断情境案例的论文示例。

11.1 如何进行问题诊断情境论文写作

问题诊断情境案例论文包含以下四个要素：

- 识别定义问题。
- 总结问题原因。

- 进行原因论证。
- 提出行动计划。

11.1.1 立场陈述：识别定义问题

在论文中，你需要定义问题。如果没有问题，就无法进行诊断。在写论文前，你要确保读者理解了这个问题。你可以用一两句话大致定义一个问题，然后描述它的主要特征或症状。下面是一篇关于问题诊断情境论文的观点陈述：

> GoXd 在过去 3 年中出现了亏损，难以在游戏市场重获吸引力。两位创始人在许多问题上存在分歧，主要开发商纷纷离开，早期投资者威胁要引入一位新的首席执行官。

第一句话说明了问题所在——一家游戏公司正在持续亏损——第二句话详细说明了问题的主要特征。

11.1.2 立场陈述：总结问题原因

在问题诊断情境论文中，立场陈述包括两个部分：定义问题和总结原因。第二部分列出了所定义问题的主要原因。当你在论文开篇总结原因时，你是在告诉读者应该期待什么，并对下文内容做出间接的承诺，以便在下文论证你为什么认为是这些原因导致了问题。原因的摘要可以出现在问题定义的同一段，也可以在问题定义后另起一段。

有多少原因足以诊断一个问题？案例中出现的复杂问题通常源于多种因素。但是，原因过多的诊断很难让读者理解，并且将使行动计划复杂化。如果你发现你有一个原因列表，例如，有 10 个原因，请考虑一下是否可以把它们合并起来。例如，假设你有几个与团队相关的原因，你可以将它们总结为更为宽泛的原因：团队绩效或团队效率。

11.1.3 进行原因论证

基于原因的论证是最合乎逻辑的论证方法，请将原因按重要程度排列。你的论证目的是说明问题的起因，要做到这一点，你需要来自案例的证据，以及可以应用于证据的适当分析概念和框架。使用分析工具有两个目的：一是帮助你在原因和问题之间建立联系；二是帮助你梳理论文结构。你将在样文中看到分析工具是如何发挥作用的。

因果关系很难得到高度确定的证明。在科学领域，要就某件事的起因达成共识可能需要很多年，甚至几代人的时间。由于人类行为而产生问题的原因——在某些情况下你会遇到这种问题——可能有很大程度的不确定性，部分原因是其涉及大量的影响因素。你应该尽最大努力使用案例证据来证明一个原因如何影响一个问题。在现实世界中，商人必须诊断问题并采取行动，以控制或纠正问题。当问题恶化时，等待一个符合科学证明标准的诊断，远不如利用现有证据做出合理的诊断并应用它来指导行动有效和实用。

11.1.4　提出行动计划

除非作业或考试没有特定要求，那么论文的最后一部分应是行动计划。问题诊断行动计划的目标是解决问题。当问题是积极的（例如，新产品的意外成功），目标是保持和强化积极的结果。在制定问题诊断行动计划时，你可以考虑以下问题：

- 如何解决问题的主要原因，或者当问题是积极的，如何强化和维持？

——什么突发事件将对这个问题产生最大的影响？

——还有哪些短期行动是必要的，但没有那么紧迫？

——什么长远行动会对问题产生最大的影响？

- 谁应该参与行动步骤？（或者是谁不应该参与其中？）
- 行动计划可能会出什么问题？哪些行动可以避免或减轻这些问题？

有关行动计划的更多信息，请参阅第 8 章。

11.2　问题诊断情境论文

请阅读案例《阿伦敦物资公司：电子产品分部（删节版）》和下面的

学生论文样文。学生论文之后，将进行有关行文、内容和写作风格的讨论。

案例：《阿伦敦物资公司：电子产品分部（删节版）》

问题：请解释电子产品分部两年来的业绩下滑，并提出扭转颓势的措施。字数限制是 1 500 字（注意：本论文的字数比限制字数少）。

唐・罗杰斯面临一个问题：电子产品分部的业绩在过去两年大幅下滑。它在产品交付和服务方面的声誉正在下滑，士气低落，员工陷入无休止的冲突。其中很多问题都可以追溯到外部原因，罗杰斯领导不力，电子产品分部各部门职能失调，文化冲突，以及缺乏总公司支持。

11.2.1 外部原因

电子产品分部的营运业绩在过去两年大幅下滑。其所服务的市场迅速转向价格和利润率更低的产品，导致竞争加剧。在该市场中，利润率最高的产品是新产品，但电子产品分部的产品开发却停滞不前，这让其处于不利的竞争地位，在一定程度上解释了运营绩效不佳的原因。

11.2.2 罗杰斯糟糕的领导

罗杰斯的领导不力是电子产品分部衰落的主要原因之一。面临着外部的巨大压力，该部门突然失去了权威领导者。罗杰斯扮演了技术经理的角色，他没有意识到电子产品分部正面临领导真空。他在电子产品分部做了一些改变，但这些改变似乎大多产生了负面影响。如果用科特的变革管理模型来衡量罗杰斯的表现，他几乎在所有方面都失败了。

- 罗杰斯没有任何传播紧迫感的举动，尽管该部门在内部和外部都处于危机之中。事实上，参加产品开发会议时，他表现得像一个严格关注细节的技术经理，这好像在暗示出现危机的情况是再正常不过的。

- 领导者需要合作伙伴来创造变革，但罗杰斯没有试图建立联盟。他几乎没有时间与电子产品分部建立关系。他抛弃了一些经验丰富的经理人，这些经理人原本可能是他的盟友，这让情况变得更糟。没有证据表明他试图在电子产品分部建立牢固的关系。

- 罗杰斯没有提出电子产品分部的愿景。贝内特不需要，因为他做了所有的主要决策。该部门显然需要一个统一的愿景，以便每个人都朝着相同的目标工作。

- 这个分部内部充满了合作障碍，但罗杰斯似乎对此毫不在意。最重要的是，相互冲突的部门激励机制正在阻碍工作的开展，加剧了现有的紧张局势和冲突。

- 电子产品分部迫切需要迅速取得胜利，以恢复士气和信心。新产品开发部门有潜力为电子产品分部赢得胜利。罗杰斯似乎脱离了该部门，没有把控该部门的经营目标和产出情况。面对无处不在的指责和借口，他似乎更关心的是避免冲突，而不是追究责任。

11.2.3　电子产品分部各部门职能失调

电子产品分部各部门均对问题的产生负有责任。使用谷歌的团队效能模型，有助于解释他们欠佳的工作表现如何降低了电子产品分部的竞争力。

- 没有证据表明员工有足够的心理安全感，可以畅所欲言。在产品开发会议上，与会者不会讨论产品交付日期的不断推延和生产力的缺失。同样重要的是，没有人能为主导讨论的问题提供解决方案。

- 可靠性是各团队所面临的重要问题。产品开发总是错过最后期限，而且似乎没有人在意。一位经理甚至说，他知道自己应该对此负责，但他也知道罗杰斯不会追究自己的责任。可靠性问题也存在于职能团队之间，他们都认为自己不能依靠别人。例如，制造部门认为销售部门在服务和交付方面提出了不可能的要求，而没有带来能够使制造部门盈利的订单。令销售部门感到沮丧的是，制造部门对利润的兴趣远远超过了对客户的兴趣。而市场部门缺乏完成工作任务的经验。

- 电子产品分部有一个组织架构，但并没有发挥作用，因为它没有明确性。主要的结构性缺陷助长了冲突：各部门的工作动机相互冲突。

生产经理的报酬是根据毛利率计算的，而销售人员的报酬是根据销售量计算的。各部门都在努力使自己的绩效激励最大化，而不是为客户服务。新产品开发部门似乎没有独特的激励机制，参与者都只追求各自部门的利益。该部门的一些部门负责人都不在其部门所属的工作地点办公。

- 没有一个部门对其他部门施加了积极的影响。它们没有意识到它们是相互依赖的，只有当合作时才能产生正面效应。这可能是贝内特留下的不幸遗产。他掌管电子产品分部，可能认为没有必要推动部门间的合作。集中控制的消失似乎对每个团队都造成了很深刻的影响：他们让其他团队做他们想做的事情，或者通过指责他人来为他们的失败辩护。

11.2.4 文化冲突

文化冲突是电子产品分部的另一个问题。罗杰斯已经习惯了阿伦敦总公司的文化：这是一个紧密团结的家庭，等级制度并不重要，人们面对面地讨论问题，各级员工之间都会进行正式和非正式的讨论。罗杰斯表现得好像总公司和电子产品分部的文化是一样的，没有意识到贝内特塑造了电子产品分部的文化，以适应他独裁式的领导风格。贝内特创造了一个等级制度，在这个制度中，他拥有所有的权力，并做出所有的决策。电子产品分部各部门缺乏凝聚力，不讨论问题，并且有大量的政治活动，所有这些都阻碍了生产力的发展和问题的解决。罗杰斯的文化假设是错误的，这使他对重塑电子产品分部文化这一必须做的工作视而不见。

11.2.5 缺乏总公司支持

罗杰斯个人并不能对所有领导失败负责。总公司的高级管理人员也应该受到谴责。他们提拔了罗杰斯——尽管他没有什么管理经验，也没有给他提供支持或培训来完成交接。他们建议他将电子产品分部的大本营迁往总公司，让他与本应负责管理的人员分开。

11.2.6 行动计划

罗杰斯需要调整关注点，首先解决优先性较强的问题，让部门内的团队保持一致，并将文化从冲突转变为合作。

短期计划

- 罗杰斯必须明白他需要做什么。他需要摆脱无关紧要的、与部门没有直接关系的责任，变革的过程需要全职的领导者。罗杰斯需要寻求总公司的支持——首先是在短期内降低财务目标，以减轻该分部不必要的压力。他还需要通过改变说话的方式来更多地了解这个部门，他需要倾听。
- 从第一天开始，他就应该在部门的每个角落树立紧迫感。员工似乎与市场上发生的一切完全脱节。他应该向部门的所有关键人物发表讲话，并带领他们了解糟糕的业务绩效。他应该阅读一份需要解决的问题清单，把提升他的领导力放在清单的首位，并寻求反馈。他需要不断重复这个步骤。
- 他需要从职能部门中招募一群盟友，以充分调动组织力量。他们应该共同制定一个简单、包容、可执行的愿景。这一愿景应体现新文化的主要特征。部门应向每个人征询意见，不论他们在电子产品分部组织架构中处于何种位置，每个人的意见都很重要。当工作完成后，愿景应该得到沟通和不断加强。
- 罗杰斯应该亲自与每一家工厂沟通愿景，并让经理们知道他们需要不断加强这一愿景。这一愿景可以将许多人的挫折感转化为实现愿景的能量和承诺。
- 产品开发过程需要快速修复。应解散旧的部门，并由具有所需技能和知识的所有职能部门的成员组成一个新的部门。该部门应该有一套明确的目标，并承担责任。这个部门应该更频繁地开会，而罗杰斯来领导这个部门，至少是暂时的，他应该让每个人都负责创新和解决问题。

长期计划

• 如果可能的话，罗杰斯应该将电子产品分部的所有职能部门集中在一个地方。当职能部门分离时，难以团结所有人为共同目标工作。

• 只有长远的目标才能改变电子产品分部的文化。然而，许多短期措施将开始改变旧的思维和行动方式。大多数长期措施也将有助于文化转型。罗杰斯应该定期强调愿景的文化价值。

• 所有电子产品分部部门的激励措施应保持一致。目前，生产和销售部门是相互矛盾的。它们应符合愿景中所表达的部门的长期战略。在产品开发团队的成员的激励机制中，应包含与团队合作有关的内容。薪酬和奖金应尽可能与团队合作和实现部门目标（如生产力和盈利能力）挂钩。

• 该部门缺乏各级领导，罗杰斯应该努力培养新的领导者。不熟悉旧文化的年轻员工可能是最佳人选。

• 罗杰斯应该争取总公司的持续支持，以推动他的变革计划，并随时向公司通报进展情况。

11.3　问题诊断情境论文的讨论

下面的讨论指出作者如何使用这些关键元素进行问题诊断情境案例写作。

11.3.1　立场陈述：识别定义问题

简而言之，作者描述了她将要诊断的问题：

> 唐·罗杰斯面临一个问题：电子产品分部的业绩在过去两年大幅下滑。它在产品交付和服务方面的声誉正在下滑，士气低落，员工陷入无休止的冲突。

广义上说，问题是该分部的业绩急剧下降。保持问题定义的简单性，可以让读者清晰而不费力地理解你所诊断的内容。作者遵循自己的定义，描述了问题的主要特征。包含所有特征的列表会很长，没有必要一一列举，而主要特征足以让读者理解问题所在。

11.3.2　立场陈述：总结问题原因

定义了问题之后，样文的下一个任务是总结诊断问题的主要原因。作者在第一段的最后一句话是这样写的：

> 其中很多问题都可以追溯到外部原因，罗杰斯领导不力，电子产品分部各部门职能失调，文化冲突，以及缺乏总公司支持。

这一句话有两个目的。首先，它让读者立即了解作者的诊断。其次，它告诉读者论文的结构。作者含蓄地表示出将按照她所提出的原因顺序进行论证。

作者在一个简短的段落中提出了问题诊断的前两个要素。这一事实说明了论文开篇的重要作用。我们都读过论文，希望它能告诉我们主要内容和核心观点。开篇也可以增强论文的说服力，因为我们更有可能认真对待一位思路清晰、充满逻辑的作者。

11.3.3　进行原因论证

作者提出了五个原因，这个数目大到足以令人信服地诊断出一个大规模的问题，小到足以在一篇不超过 1 500 字的论文中进行令人信服的证明。

作者首先讨论了外部原因。她从个案中陈述事实，并做出推论：外部因素令电子产品分部处于竞争劣势，并与过去两年的业绩下滑有关。

然后，她将注意力转向电子产品分部的内部问题。这种从外部到内部的转换在诊断组织问题时很常见。大量关于罗杰斯和部门团队的案例证据表明，它们导致了问题的产生。一个陷入困境的组织的领导者可能对这种情况负有一定的责任，这不无道理。

为了证明罗杰斯的领导能力是导致问题的原因之一，她使用了一个众所周知的框架讨论成功的变革管理。她的证据被归类于框架中的五个维度（与其他类别不相关），并且她提供了与每个维度相关的案例证据。她的证明是有说服力的，因为她使用了所学课程中的合理框架，这是基于事实的，表明了罗杰斯的彻底失败。

作者使用了与领导力部分相同的论证方式讨论电子产品分部各部门。她使用了一个合适的课程框架来定义团队的有效性，并引用了框架中四个相关维度进行论证。同样，她的证明是有说服力的，因为这个框架适合这个主题，她引用的证据是强有力的，而且论证表明了为什么团队在几个方面产生职能失调。

论证的结论中有两个相关证据较少的原因。作者认为文化问题也导致了电子产品分部的冲突。罗杰斯的工作方式表现出他认为电子产品分部的文化与总公司文化应保持一致，却没有意识到该部门始终遵循着屈从于强大领导者的文化。虽然电子产品分部员工的行为与他的期望不符，但他却如同身在总公司一样，没有做出任何行为上的改变。这使他忽视了改变电子产品分部文化的重要性，以消除在没有强大领导的情况下逃避责任的现象，他应该鼓励员工勇于冒险，通力合作。

这五个原因中的最后一个是许多作者都会忽略的。它完全基于作者从案例事实的推论。批评罗杰斯缺乏管理和领导经验是很容易的，然而总公司还是因为他的技术专长提拔了他，但电子产品分部需要一位具备卓越变革管理技巧的领导，以完成两个目标，一个是外在目标，即适应竞争环境的急剧转变，另一个是内在目标，即应对复杂的分部内部变化。

11.3.4 提出行动计划

行动计划以目标陈述开始，目标陈述要像论文对问题和诊断的陈述一样简单明了。该计划将行动步骤分为短期和长期计划。作者提出的时间排列顺序反映了对必须快速完成的任务和可以等待或只能稍后完成的任务的深刻思考。

行动计划的第一个短期计划与第一个目标相关联：罗杰斯需要调整关注点，首先解决优先性较强的问题。这一计划为罗杰斯需要做什么提供了建议。

行动计划解决了论证中的关键问题，应该包含解决问题原因的步骤。样文中的行动计划的第二个步骤是针对罗杰斯的领导能力所提出的：创造一种紧迫感。其他短期步骤也解决了变革管理失败的问题。最后的短期步骤是与外部原因相联系的。电子产品分部在商业市场上处于竞争劣势，因为产品开发过程进展缓慢，遭到了破坏，最后一个短期步骤的目的是修复这一过程。

前三个长期步骤都需要一定时间才能落实，因为调动大量的人力，改变组织文化和激励机制涉及不同的过程，但它们都有一个共同点：它们都需要时间来落实。

第Ⅳ篇 相关案例

Case for Analysis and Writing

通用汽车：帕卡德电气公司*

电缆与元件设计部的总工程师戴维·施拉姆（David Schramm）一边望着手中的反应注射成型（Reaction Injection Molded，RIM）护线环，一边考虑着它的风险和收益（术语表见附录）。RIM 护线环是帕卡德电气公司（Packard Electric）专门针对客车而开发的一项新技术，用来固定和支撑从引擎舱穿过前围板进入乘客舱的电线。

在帕卡德电气是否应该将 RIM 护线环运用于 1992 年车型的问题上，对新产品开发过程负最终责任的产品、流程、可靠性委员会（Product，Process，and Reliability Committee，PPR）想要听听施拉姆的分析和建议。现在已经是 1990 年 3 月 1 日了，由于设备和工具的采购都要有一定的提前期，因此必须在本周做出相关决定（项目进度表见资料 1）。虽然许多产品开发人员都为 RIM 护线环的潜在价值激动不已，但不少制造人员却强烈反对。

帕卡德电气背景介绍

帕卡德公司由帕卡德兄弟于 19 世纪后期创立，最初从事碳丝灯和变

---

* This case was prepared by Geoffrey K. Gill (under the direction of Professor Steven C. Wheelwright). Harvard Business School case 691－030.

压器的生产。1899年，该公司转向新兴的汽车行业，开始制造汽车。后来虽然汽车业务被出售，但公司仍然是该领域点火系统的供应商。1932年，帕卡德被通用汽车（General Motors，GM）收购，成为其子公司，并改名帕卡德电气。

帕卡德电气的管理层具有很大的自主权。公司成立90多年来，总经理一职先后由七人出任。尽管帕卡德电气的主要客户是GM的其他子公司，但它同时也与别的汽车公司开展业务。

20世纪80年代，GM面临着激烈的竞争（最主要的竞争对手是日本进口车）。它在美国市场的份额从1980年的45%降到了1989年的34%。虽然母公司遇到了问题，但帕卡德电气的收益和盈利却以每年8%～9%的速度稳步增长。这主要有两方面的原因：一是来自其他汽车制造商的销售额有所增加，二是汽车电子产品的不断丰富。截至1989年，帕卡德电气的销售额超过20亿美元，其中有25%来自GM以外的客户。

帕卡德电气的产品

帕卡德电气的业务领域为“动力和信号分配”。公司出售连接汽车电气装置所需的各种电线和连接器（见资料2）。其业务分为元件和组件两大类。所谓元件，是指用于装配汽车电气系统的单个零部件，包括电缆、连接器、导线管（包裹电线或电缆的管子）。帕卡德电气将大部分元件卖给GM的其他子公司（如德尔科电子公司、哈里森散热器公司），由它们将这些元件组装成汽车子系统。还有一部分元件则卖给汽车公司或配件经销商。

所谓组件，是指可以直接安装到汽车上的零部件组合，包括完整的电气配线或子系统。通常，汽车制造商会向帕卡德电气购买整套配线系统以用于最终装配。根据不同汽车的要求，电气配线在复杂程度上会有很大区别。一套复杂的电气配线需要用到好几百个元件和将近一英里长的电线。

电气配线的设计并不容易，因为工程师必须确保它可以作为一个整体在装配线上进行安装。一套电气配线往往包含多达 150 根的电线。这些电线非常坚硬，不易弯曲，所以工程师需要设计一条布线路径，使其不但满足汽车设计的要求，而且便于运输和安装。

电气配线的安装过程也很复杂，因为电缆线路跨越了整部汽车的长度和宽度，而且在汽车装配的每个阶段都要进行线路连接。一部汽车的总装工作通常需要花费 20～30 个小时，而其中电气配线的安装过程就占了 60～90 分钟。正如帕卡德电气的一位工程师所言：

> 配线人员应该认识汽车公司里从设计到制造职能的每一个人。他们参与工作的各个环节，处理数以千计的细节问题。在整部汽车中最容易调整的就是配线，所以如果有需要，肯定会首先调整配线。可是客户一般不会去关注配线，除非真的发生了问题，而通常这样的结果都将是灾难性的。大多数公司之所以不愿意进行配线工作，正是因为它细节烦琐，而且难以收到正面的反馈。但配线恰恰就是帕卡德电气的兴趣和专长所在。

为了满足汽车设计人员的配线调整要求，帕卡德电气必须经常发出和执行工程变更指令（engineering change order，ECO)。即使是成熟车型的电气配线，每年平均也会有两个较大的 ECO 和许多较小的 ECO。这些 ECO 要花费大量的工程时间。据估算，帕卡德电气的 500 名工程师大约将一半的时间都用于 ECO。经常性的调整势必导致零部件数量的剧增(见资料 3)。由于帕卡德电气必须能够制造自己曾经生产过的任何元件，所以它需要保留 45 000 多个零部件的图纸和生产工具。虽然施拉姆无法统计相应的成本，但他相信这绝不是一笔小数目。

降低 ECO 成本、减少零部件保留数量是帕卡德电气的努力目标。近年来，它们总是争取在零部件的初步设计阶段就进行调整，以减少后续变更。但是，汽车电子产品的增加导致电气配线的复杂程度（以电缆总长和连接器总数来衡量）每年都会提高 6%～8%，所以 ECO 的总数依然没有减少。

新产品开发机构

三大职能参与新产品开发，它们分别是：产品工程、制造工程、可靠性管理（见资料4）。产品工程负责产品设计与工程；制造工程负责元件、电缆、电气配线的制造流程开发；可靠性管理负责监督帕卡德电气在质量和其他方面的改进。合作参与工程部向可靠性职能主管报告。它代表客户说话，为管理层以及生产运营和工程人员提供了一条直接的客户反馈途径；它还检验帕卡德电气与客户有关的每一个决策。

制造工程职能下辖多个部门。其中，制造流程工程部和工业工程部在产品开发过程中发挥着尤为重要的作用。制造流程工程部负责开发可重复的制造流程，进行改进并整理成文档。工业工程部的任务则是培训操作员、将流程导入工厂、协调产能扩张。

产品工程职能由四个部门组成。电缆与元件设计部负责电缆和元件（如连接器、护线环）的设计，需要确定合适的线规、电线股数、绝缘材料。应用工程部负责整体电气配线的设计，需要确定所需电缆的数量和长度，以及连接器和其他元件的种类。有时，应用工程人员需要的元件并非现成，那么电缆与元件设计人员就要专门进行设计。改进工程部负责长期产品的开发。产品保证部的任务则是确保所有产品的设计都符合帕卡德电气的质量标准。

电缆与元件设计部和应用工程部都有“常驻工程师项目”。所谓常驻工程师，就是由帕卡德电气指派到客户工厂或设计中心的工程师。应用工程部的常驻工程师主要与汽车公司的设计团队合作；电缆与元件设计部的常驻工程师主要与汽车公司内部或外部电气系统供应商的设计团队合作。设立常驻工程师是为了使帕卡德电气的设计更好地满足客户需求。通过加大对电气系统设计的参与力度，帕卡德电气降低了客户的设计成本，同时也让自己更好地融入设计过程之中。

常驻工程师项目非常成功，现在已经有大约100名工程师参与其中。客户们迫切想要减少工程费用。有些客户一开始对此持怀疑态度，认为常驻工程师只会站在帕卡德电气的立场进行决策。但事实上，帕卡德电气早就强调，常驻工程师必须从客户的角度出发，急客户之所急，想客户之所想。如此一来，帕卡德电气也能从中受益，因为只有当工程师准确了解客户需求之后，他们才能提供最佳解决方案。

常驻工程师项目可谓应势而生，因为有越来越多的汽车装配工厂开始把设计任务转交给帕卡德电气。应用工程部的负责人卡尔·劳施（Carl Rausch）如此描述这一趋势：

> 客户的设计要求可以划分为三个层次。层次一是功能要求，客户只表明自己想要什么，然后由你来设计全套的动力和信号分配系统。层次二是系统要求，客户已完成对系统的设计，由你来挑选适宜的元件。层次三是细节要求，你按照客户的规格标准来制造元件，并将它们装配成产品。我们过去收到的主要是层次三的要求，但现在层次一的要求逐渐增多。这给了我们更多的自由和影响力。我们得以提高运营效率，并开发出解决问题的标准方法。这有助于改善质量，同时还能降低整体系统成本。

为了整合各部门的工作，公司设立了产品、流程、可靠性委员会。该委员会由多个部门的负责人组成，包括电缆与元件设计部、应用工程部、改进工程部、合作参与工程部、制造开发部、制造流程工程部、工业工程部。委员会的职责是为开发工作制定整体战略和流程，指导关键性的技术决策，以及帮助协调各部门的行动。

RIM 护线环

汽车电气配线中的很多电缆需要穿过引擎舱和乘客舱之间的前围板。

在这里使用护线环主要是出于三方面的考虑：（1）固定电缆，防止其移位或者磨损绝缘材料；（2）消除引擎噪声，保持乘客舱安静；（3）防止引擎舱的液体或蒸汽进入乘客舱。

帕卡德电气最初使用的是 20 世纪 70 年代后期所开发的硬质注射成型护线环（injectable hardshell grommet，IHG）（见资料 5）。IHG 护线环是一种很硬的塑料壳，带有可供电缆穿过的小孔。小孔周围会涂抹树脂胶黏剂，以防止液体渗透。可是由于胶黏剂的黏滞性很高，通常无法完全封住所有电线，因此 IHG 护线环虽然可以抵挡液体飞溅，却并非完全防水，自然也就不能通过最严格的密封测试——静态水压试验（检验封口能否在支撑 5 英寸高水柱的情况下，5 分钟内不出现渗水现象，也称“五五测试”）。

20 世纪 80 年代，汽车装配工厂经常会反映乘客舱漏水的问题，于是帕卡德电气的工程师们开始寻求解决问题的办法。1986 年 7 月，流程工程师鲍勃·麦克福尔（Bob McFall）建议采用 RIM 技术来制造护线环。RIM 对于较大型部件（如汽车门内装饰板和翼子板）的生产而言是一项比较成熟的注射成型技术，其原理类似于环氧树脂成型——将两种液态原料混合，使它们在一分钟内变成橡胶状固体（见资料 6）。由于原料在混合之前的黏滞性很低（接近于水），因此可以渗入电缆之间，从而形成一道很好的密封。

RIM 护线环的开发工作

从 1986 年 7 月到 1987 年底，麦克福尔将大约 10%的工作时间用于研制 RIM 护线环。他在帕卡德电气的实验室中使用各种原料进行试验，到 1988 年初，已经开发出若干不同的生产方案。不过在此期间，他的主要工作还是与基思·特恩布尔（Keith Turnbull）合作，帮助一家高端汽车公司设计电气系统元件。后者是帕卡德电气指派到该公司的常驻工程师，和汽车研发团队一起负责 1992 年车型的开发工作。

当麦克福尔得知乘客舱漏水问题使该公司深受困扰后，便在一次对特恩布尔和汽车公司的常规拜访中，带上了自己所开发的 RIM 护线环样品。

汽车公司的电气系统设计与组装团队和装配流程工程团队对于 RIM 护线环表现出了很大的热情。特恩布尔一直关注来自汽车装配工厂的投诉，他发现 IHG 护线环由于太脆所以很容易在组装过程中破碎，而漏水现象（见资料 7）也在总装环节时有发生。此外，他还通过保修报告了解了来自经销商服务技师的投诉。对已经安装好的护线环进行维修可是一个不小的工程。如果是在总装完成之后进行维修，那么至少要耗费 2 小时，每小时成本 45 美元；如果是由经销商进行维修，那么至少耗费 4 小时，每小时成本 35 美元①。

为了在今后的车型中避免上述问题，汽车公司（在特恩布尔的推动下）向麦克福尔询问，能否将 RIM 护线环运用于定位高端的 1992 年车型。虽然麦克福尔对此没有表态的权力，但他认为这并非不切实际。客户的这一反应给了麦克福尔很大的鼓励，他开始动员帕卡德电气的其他部门也参与到 RIM 项目中来。在接下去的一年中，电缆与元件设计部加大了投入的力度，制造工程人员也逐渐参与其中。特恩布尔监督着 RIM 项目的进度，但他的大部分精力还是用于其他项目，除非有一天他发现“RIM 绝对可以成功”。

在几个月的时间内，麦克福尔等人围绕 RIM 项目的多个方面展开工作。他们继续寻找能够适应持续冷热循环而不会变形或发脆的材料。最终，他们决定在 RIM 护线环中增加一块钢板以起到加固的作用。他们也开始考虑工具的问题，但进度非常缓慢，因为所有的工程师都把大部分时间用于其他项目。

1989 年 1 月，客户向帕卡德电气索取 RIM 项目的进度报告。结果并不令人满意，因为项目进展不大，而且很难保证可以为 1992 年车型

① Depending on the cause, these charges would be billed to (or shared by) the car company or Packard Electric.

提供任何支持。各大设备制造商从未开发过一款适合生产护线环的机器。市面上的设备都很昂贵，占地面积很大，并且难以操作。但是客户明确表示他们计划将 RIM 护线环运用于 1992 年的新车型（在雷维尔工厂制造）。由于来自客户的压力与日俱增，帕卡德电气不得不显著提高在 RIM 项目上的投入力度，而特恩布尔也开始与帕卡德团队更为紧密地合作。

找不到合适的护线环生产设备，项目很可能夭折。由于 RIM 机器主要是用来制造尺寸较大、价值较高的部件，所以往往体积庞大、售价不菲。使用这些机器进行试验的成本实在太高，项目也许会被迫取消。所幸，应用工程部的总工程师在一次贸易展上发现了一款小型的 RIM 机器。

这款 RIM 机器由一家八个人组成的小公司开发，成本只有 80 000 美元，而且体积正好适合生产护线环。1989 年 6 月发出订单之后，帕卡德电气于同年 10 月收到机器，但却并不能马上启用，因为 RIM 原料属于有毒物质，使用前必须首先获得环境保护署（Environmental Protection Agency，EPA）的批准。1990 年 1 月，他们终于获批，并开始进行产品和流程的场外测试。

RIM 项目的现状

到 1990 年 2 月底，帕卡德电气已经成功地将多个 RIM 护线环运用于电气配线中。虽然它比 IHG 护线环的密封性有了大幅提高，但依然无法通过五五测试。不过工程师们相信只要稍加改进，通过测试绝非难事。尽管成本远高于 IHG 护线环（7.00 美元 vs. 4.40 美元，具体的成本差别见资料 8），可 RIM 护线环还是更受汽车公司的青睐。

至于流程方面，也有很多尚待解决的问题。第一类问题与原料处理有关。首先必须确保两种 RIM 原料严格分离。举例来说，如果盛装原料 A 的罐子被错接了输送原料 B 的管子，那么整台机器就有可能因为原料凝固而永久性阻塞。这可不是危言耸听，其他公司就曾发生过类似的事故——一辆运料卡车由于接错原料箱，导致卡车、输料管、原料箱凝固成了一个整体。

一方面，原料 A 降至 64℉（18℃）就会凝固，而一旦变成固体便只好报废，所以必须将原料温度控制在 64℉以上。另一方面，考虑到 RIM 原料的巨毒性，生产者也确实需要加强特别监控。鉴于以上种种原因，帕卡德电气有必要制定并实施一系列严格的原料处理规程。

第二类问题与生产系统故障有关。电气配线生产故障可能会使客户的组装线全面停工，这一影响无疑是致命的。由于所有客户都要求“准时制”送货，而且不断缩短提前期，大大增加了帕卡德电气生产改进的难度。理想的情况是 RIM 机器能够毫无故障地每天运转 16 个小时，但是就目前来看，似乎很难做到。

第三类问题与配线维修有关。在安装 RIM 护线环时，为了防止原料渗漏，模具必须紧紧夹住电线。如果某根电线碰巧被夹断或者护线环没有装好，那么这组电气配线就要接受维修，因为它成本太高（约为 180 美元），不能随便丢弃。

帕卡德电气除了要为自己的工厂设计维修流程以外，还要为汽车装配工厂和零售经销商制定相应的维修方案。由于 RIM 护线环紧紧地固定在电线周围，所以一旦密封，根本无法抽出有缺陷的电线。补救措施便是在护线环上钻一个小孔，然后将新的电线从中穿过。但这只是一个简单的想法，还有许多细节有待完善。施拉姆估计，这些问题大约需要 4 名工程师花费 5 个月的时间加以解决。

各抒己见

施拉姆知道 RIM 护线环受到很多人的关注。产品开发工程师大多支持这一项目。他们认为 RIM 护线环不但密封性能更好，而且还有很多其他方面的优势，比如大大简化了初始馈通设计。由于 IHG 护线环使用小孔来分离电线，所以需要考虑150多个要素，而RIM护线环则简单很多，大约只需考虑30个要素。

此外，RIM 护线环还能精简馈通设计的种类。虽然 IHG 护线环中每个小孔可以容纳的电线数量具备一定的灵活性，但通常每隔一两年就要进行重新设计，以适应配线总数的变化。这些重新设计的成本接近于初始设计，大约需要花费 600 小时的工程时间（每小时成本 50 美元）和 13 000 美元的工具更换成本。

与此相比，使用 RIM 护线环无疑更加划算。其初始设计只需花费大约 100 小时的工程时间和 7 000 美元的工具成本。而且 RIM 护线环的灵活性更大，甚至在配线总数增加一倍的情况下都不用重新设计，因此多种车型完全可以共用一款护线环（这对于 IHG 护线环而言是不可能完成的任务）。虽然一款 RIM 护线环不可能适用于所有车型，但是用于三四种车型绝对绰绰有余。

RIM 护线环的另一个优势是节省空间。为了取得令人满意的密封效果，IHG 护线环的长度通常与电线数成正比。目前，IHG 护线环比 RIM 护线环长 80 毫米，这不但要占据更多的宝贵空间，而且容易破碎和漏水。随着配线总数的不断增多，这个问题将越发严重。

工程师们支持 RIM 护线环还因为它属于一种新的技术。当帕卡德电气熟练掌握这种技术之后，就可以显著降低成本。受益的除 RIM 护线环外，还有今后的诸多其他 RIM 项目。

制造工程师对于 RIM 项目有着截然不同的看法。他们觉得 RIM 并不能在很大程度上改善漏水问题。制造流程工程师基萨·艾拉萨斯（Kitsa Airazas）认为客户错误理解了漏水的原因：

> 问题出在汽车公司工程师所做的纸杯测试，这类似于静态水压试验。事实上，人们在实际使用中不会将汽车整个儿浸没于水中，因此没有必要进行这种测试。IHG 护线环在防止液体飞溅方面的性能已经足够出色。我认为如果早一点儿向汽车公司的工程师进行解

释，也许就可以避免他们形成根深蒂固的偏见。

一位元件设计工程师反对艾拉萨斯的观点：

> 又来这一套！明明是不错的产品和流程方案，而且深受客户喜爱，可制造人员就是要拼命抵制。如果一直这样等待下去，我们就再也别想引进新的技术。

制造工程师马上开始列举 RIM 护线环可能会对生产流程带来的种种冲击。首先，它的流程控制变量要比 IHG 复杂很多。其次，制定和实施一系列严格的原料处理规程势必花费大量的精力，并且增加流程的复杂性。最后，把电气配线放进 RIM 机器存在一定的风险，因为每一次移动配线都有可能造成损坏。

而 RIM 机器本身也带来了新的问题。因为机器制造商的规模很小，所以帕卡德电气唯有依靠自己。虽然 IHG 和 RIM 机器的生产能力相似（每年大约为 70 000 套电气配线生产护线环），但 RIM 机器占地 250 平方英尺，超出 IHG 机器 150 平方英尺。如果以每平方英尺成本 25 美元计算，那么 RIM 机器每年就要额外支出 3 750 美元。由于 1992 年车型的预计产量为每年 50 000～70 000 部，所以一台护线环机器已经足矣。

此外，RIM 机器还难以移动。可是按照计划，它需要在流程开发完成之后，从俄亥俄州沃伦工厂转往密西西比工厂进行初期生产，然后再转往电气配线组装工厂。应用工程部经理罗恩·桑尼（Ron Szanny）指出 RIM 项目与帕卡德电气的战略存在冲突：

> RIM 护线环是个不错的产品，但我认为它并不符合帕卡德电气的生产战略。帕卡德电气的战略是在美国国内制造高科技零部件，然后运往墨西哥，以一种科技含量不高的方式进行组装。如果将 RIM 机器这种相对科技含量较高的设备用于墨西哥工厂，那么显然有悖上述战略。语言障碍以及空间距离，无疑都会加大 RIM 技术的控制难度。

艾拉萨斯的一席话道出了制造流程人员的心声：

客户和我们公司的管理层一再强调降低成本的重要性。于是我们不得不缩减差旅费，停止招聘，甚至开始裁员。现在居然有人提出要为一个元件增加将近一倍的支出，而这个令流程变得复杂、使风险变大的元件却未必能够带来性能上的明显改善。我不否认RIM对于某些零部件的制造而言确实是一项重要的技术，但它并不适合用来生产护线环。使用RIM护线环绝对不是一个明智的选择。

必须要说明的是，我们硬着头皮也能生产RIM护线环，可是代价实在太大。制造人员之所以对此持反对意见，正是因为成本问题足以拖垮任何项目。客户当然更喜欢RIM护线环，但关键是他们最终只愿意支付IHG护线环的价格。

施拉姆手下的产品工程师对此不敢苟同：

客户希望巩固自己在技术方面的领先地位，所以赞成使用RIM护线环，而且也乐意支付相应的价格。最近，我去过一次赖因沙根子公司，看到它们正在为一家德国的高端汽车公司研制RIM护线环。人家可不在乎成本的高低，认为“只要可以优化性能，就应该投入生产”。

此外，RIM项目所带来的某些成本节约因为难以计算而被我们忽视了。举例来说，使用IHG护线环的时候，配线组装人员需要把电线穿过护线环小孔，而使用RIM护线环则可以省去这一环节。这确实能够带来成本的节约，只不过难以计算（配线组装流程见资料9）。

施拉姆的选择

虽然有关各方依然存在着严重的意见分歧，但施拉姆必须在短时间内做出决策。不管最后的决定怎样，总有一部分人要面临巨大的挑战——要么对客户说“不”，要么在非常有限的时间内开发并实施一套新的流程。特恩布尔在最近的一份备忘录中再次强调，客户希望帕卡德电气能够妥善处理当前的问题（见资料 10）。

摆在施拉姆面前的有三种选择。第一种选择是在 1992 年车型中全部使用 RIM 护线环。这种情况风险最大，一旦 RIM 护线环发生严重问题就会影响到客户的生产线，所以相关责任人背负着难以想象的压力。为了降低风险，当然可以采购两台 RIM 机器，以备不时之需。但施拉姆认为这并不是一个好主意，因为如此一来，非但要增加成本，而且还会削弱运营人员优化流程的紧迫感。

第二种选择是“并行开发”，也就是同时为 1992 年车型准备 IHG 和 RIM 护线环。这样的做法会引起很多显而易见的问题。由于帕卡德电气先前一直专注于 RIM 护线环的设计，所以现在留给 IHG 护线环的设计时间非常有限。此外，当汽车投产之后，使用两种护线环势必加重物流的负担。一方面，帕卡德电气要订购和处理两套原料；另一方面，汽车装配工厂则要面对两种配线方案。

第三种选择最为简单，风险也最小，就是在 1992 年车型中全部使用 IHG 护线环。但施拉姆本人并不想放弃 RIM 这种新技术，因为它具有很大的潜在价值，而且一旦现在弃之不用，可能就会丧失有利的先机。

施拉姆深深地吸了口气。他必须在本周结束前向产品、流程、可靠性委员会建言献策。除了阐明自己的选择以外，他还要为公司的开发流程再造提供建设性的意见。

资料

资料1 RIM项目进度表（1990年3月1日）

编号	名称	持续天数
1	判断RIM项目的可行性	0
2	开始实验	414
3	原料研究	370
4	组装样品	104
5	向客户展示样品	0
6	元件开发	250
7	继续原料研究	190
8	进行循环测试	60
9	寻找工具供应商	220
10	选择原料	0
11	订购和接收原料	30
12	同客户召开进度报告会	1
13	制造开发	640
14	制造工程人员参与进来	0
15	寻找成型机器	250
16	订购和接收设备	110
17	获得环境保护署的批准	70
18	进行场外测试	60
19	安装、检验设备	90
20	制定原料处理规程	150
21	熟悉RIM设备	150
22	制定电气配线维修方案	150
23	系统开发	325
24	将护线环用于电气配线	20
25	进行五五测度	20
26	原型：制造并送达客户	15
27	修改设计、进行测试	100
28	原型：制造并送达客户	30
29	修改设计、进行测试	30
30	准备组装线	3
31	将设备移至工厂	10
32	试产：制造并送达客户	25
33	修改设计、进行测试	42
34	制定质量检测标准	6
35	开始投产	0
36	产品：制造并送达客户	139
37	全面实现商业化生产	0
38	提高质量和产量	81

RIM护线环项目　　关键　　进度　　摘要任务

日期：1990年3月1日　　非关键　　里程碑 ◆　　子任务 ◇

注：早在1988年，RIM护线环项目即已成为一个定位于特定客户的正式项目。

资料 2 汽车动力和信号分配系统

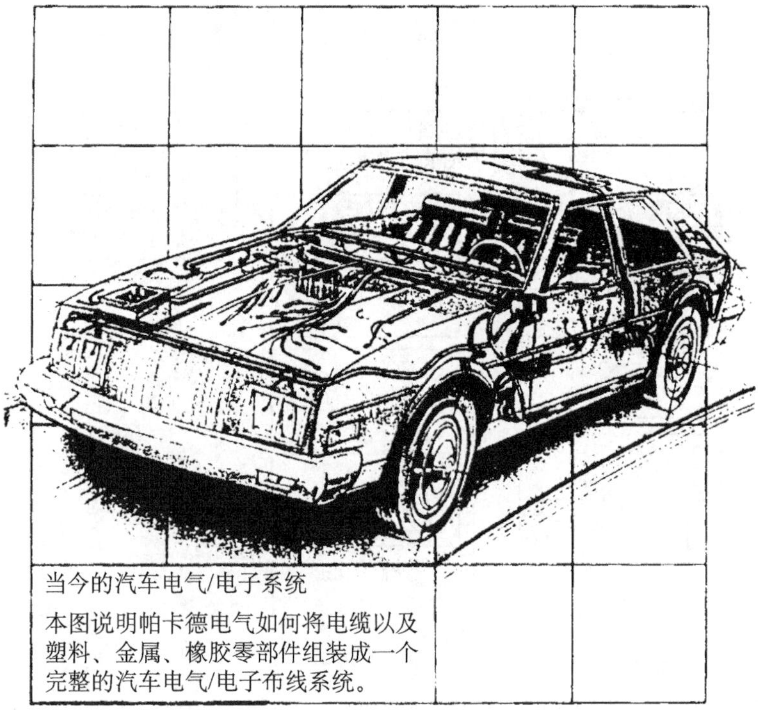

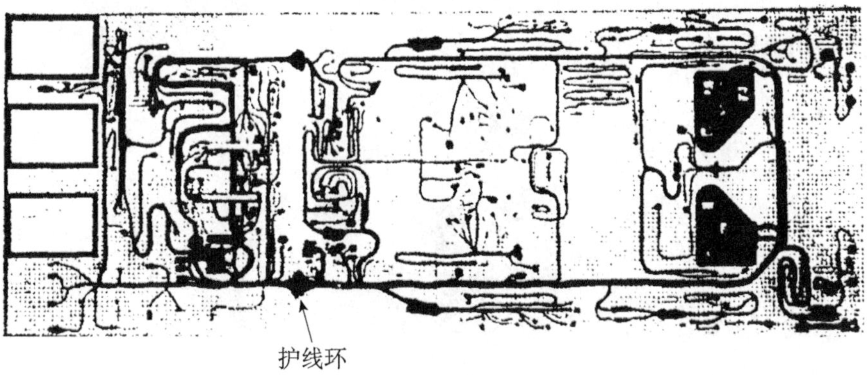

资料 3 SKU 数量和 ECO 资源使用情况统计

SKU 数量统计 *	应用工程	元件工程
现有的 SKU 数量	2 800	45 000
每年新增的 SKU 数量	1 200	2 400
每年撤销的 SKU 数量	1 100	300
一个典型 SKU 的生命周期	2 年	10 年
资源使用情况统计		
开发新 SKU 所使用的资源	40%	65%
ECO 所使用的资源	60%	35%

* 对应用工程而言，一个 SKU 是指可以直接用于总装的一套电气配线。对元件工程而言，一个 SKU 是指单个零部件。

资料 4　帕卡德电气的产品开发机构

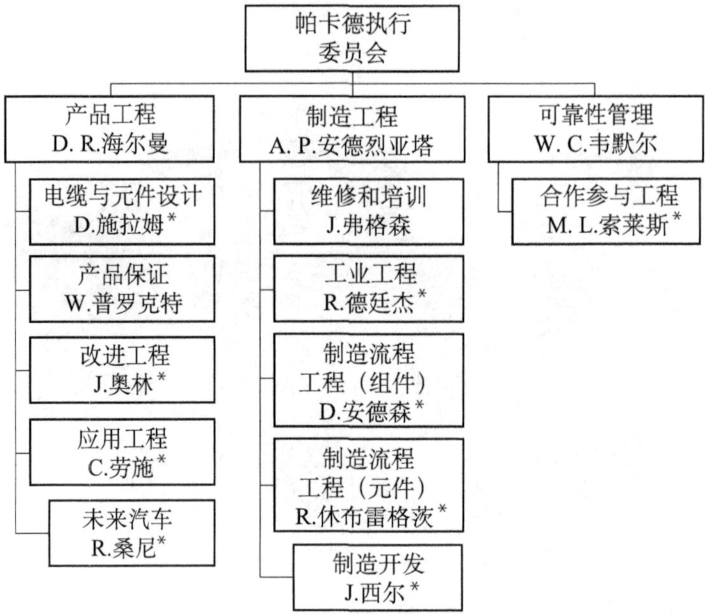

*表示产品、流程、可靠性委员会成员。

资料 5　IHG 和 RIM 护线环的比较

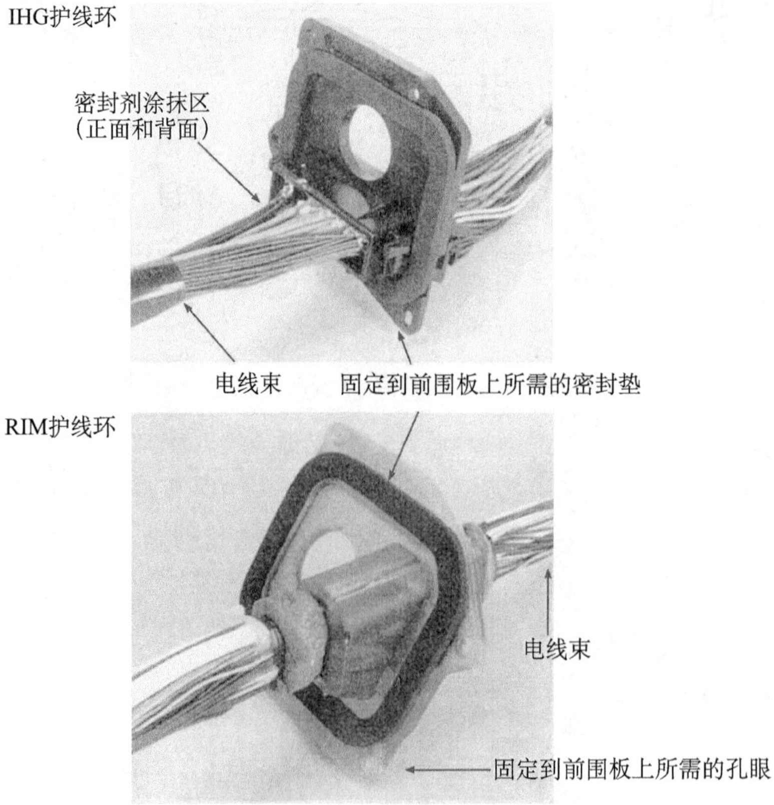

资料 6　RIM 机器示意图

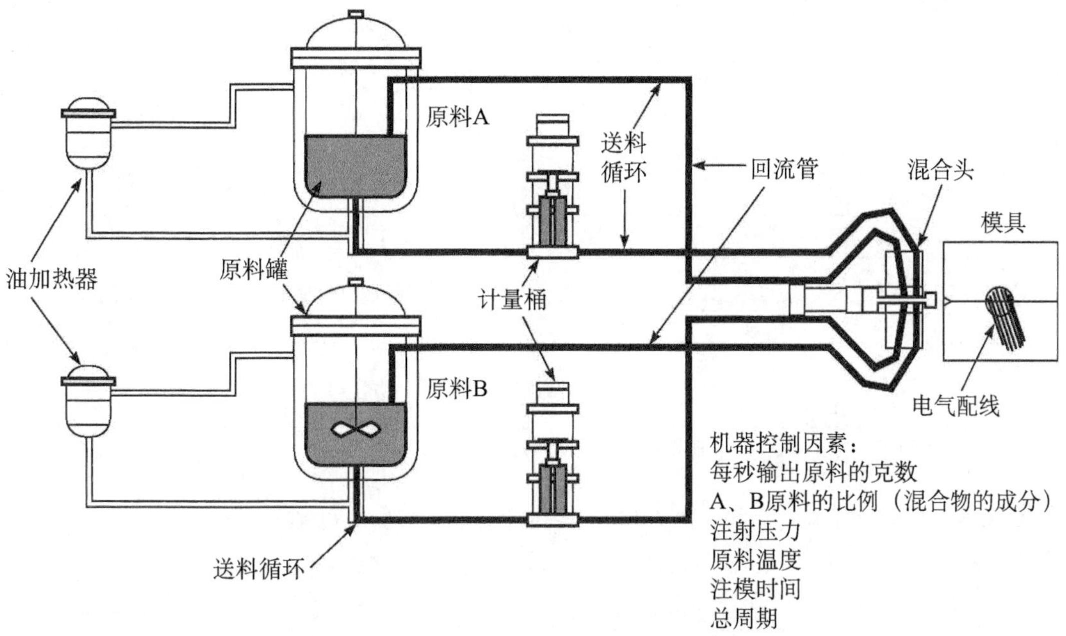

资料 7　雷维尔汽车装配工厂的漏水情况

备忘录

收件人：鲍勃·麦克福尔，流程工程师

发件人：基思·特恩布尔，应用工程部常驻工程师

日期：1988 年 2 月 12 日

使用 IHG 护线环的电气配线存在漏水现象，这给雷维尔工厂带来了很大的困扰。如果你们的项目能够解决这个问题，无疑可以为我们今后的产品赢得竞争优势。新车型项目的联系人经常向我问起 RIM 护线环的开发进度。

工厂的有关人士为我提供了一些汽车漏水方面的资料。由于 1987 年的电气配线经过了多次工程变更，因此可以算是一组新的配线。每部汽车在装配完成之后都要接受喷淋测试，一旦发生漏水，质量控制部门就会寻找原因。具体的数据见以下两表：

雷维尔汽车装配工厂：每日漏水次数（1987年）

	新车型年度		
	第4周	第26周	第48周
车门	57	21	11
车窗	13	2	1
后备厢	7	3	1
仪表板以下			
冷暖风道	10	7	6
转向柱	2	0	0
电气配线	30	11	3
踏板	3	1	0
每日汽车产量	60	300	300

注：一部汽车可能存在多处缺陷；所用资料均为单日数据。

雷维尔汽车装配工厂：质量控制部门可确定的原因——仪表板以下漏水、电气配线、IHG护线环（1987年）

	新车型年度		
	第4周	第26周	第48周
护线环不正	14	2	0
钣金变形	7	1	0
螺丝孔不正	5	1	0
密封垫缺失或破损	2	0	1
护线环开裂	7	3	2
护线环小孔周围未涂抹密封剂	5	1	0
护线环小孔周围密封剂过少	8	1	0
其他与电线束有关的漏水	4	7	1
连接螺丝丢失	6	1	0
每日检测到漏水的汽车数量	30（产量60）	11（产量300）	3（产量300）

注：一部汽车可能存在多处缺陷；所用资料均为单日数据。

资料8　帕卡德电气生产RIM和IHG护线环的经营成本差别（1990年1月估算）

RIM vs. IHG		
每部汽车新增成本分析	1992	1994
人工	($0.80)	($0.80)
材料	$0.65	$0.65
管理费用*	$2.75	$0.95
每部汽车增加的成本	$2.60	$0.80
生产RIM护线环需要追加的投资	$350 000	$450 000

*管理费用是间接费用，包括管理人员、工程人员和其他间接人工的工资，还包括工厂维护成本、工厂折旧、税金等。

假设：

1. 1992年：两条总装线，全年生产汽车68 000部。每天为300部汽车制造电气配线。

2. 1994 年：四条总装线，全年生产汽车 220 000 部。每天为 940 部汽车制造电气配线（假设业务范围扩展到客户的其他高端车型）。

3. 制造电气配线必须要有完整的 RIM 或 IHG 设备。

4. 每个工厂都要有一个备用成型系统。

5. 不需要变更工具。

资料 9　帕卡德电气的配线组装流程

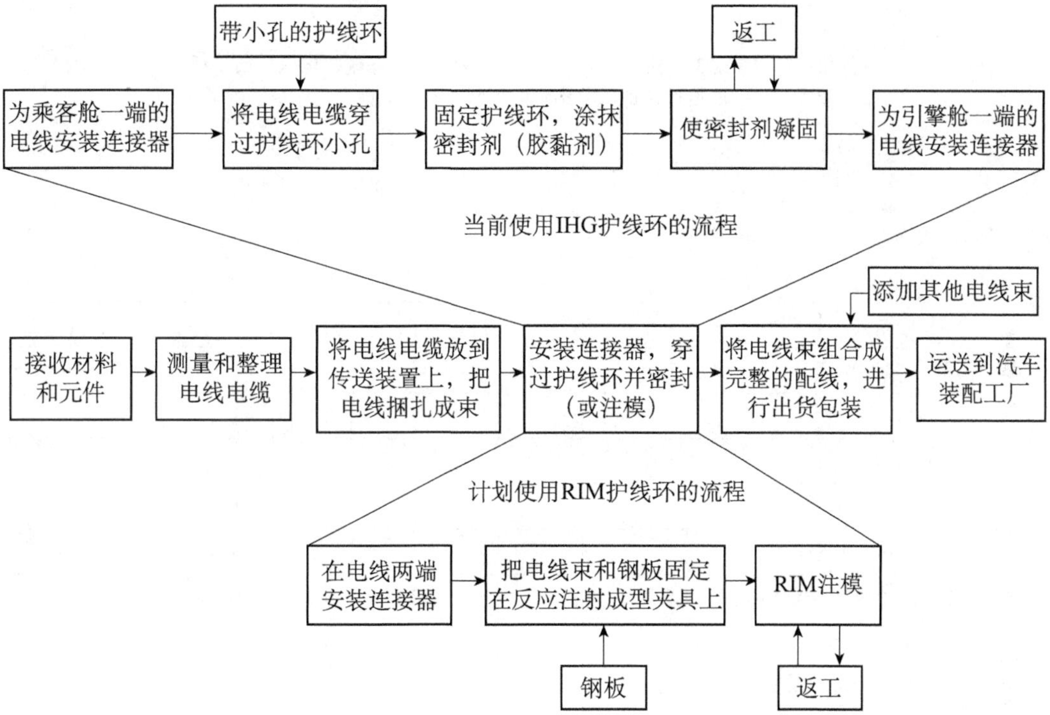

资料 10　帕卡德电气的护线环缺陷以及来自汽车经销商的数据

备忘录

收件人：戴维·施拉姆，电缆与元件设计部总工程师

发件人：基思·特恩布尔，应用工程部常驻工程师

回复：替换 IHG 护线环

日期：1990 年 1 月 30 日

我们的客户希望在 1992 年车型中使用 RIM 护线环替代 IHG 护线环。对电气配线中存在缺陷的护线环进行简单的修修补补并不能满足高档汽车的要求。客户想避免一切可能的缺陷，包括漏水问题。

我和墨西哥工厂的质量控制经理进行了沟通。他认为自己工厂所生产的电气配线虽然使用的是 IHG 护线环，但质量远高于其他配线制造商。他觉得在新推出一款配线的时候进行纸杯测试无疑是有益的，但却并不能准确反映实际使用情况。他相信自己工厂所生产的配线不存在液体飞溅问题。过去一年中他们为雷维尔汽车装配工厂提供配线的情况如下表所示。不难发现，虽然进行了一整年的尝试，但他们仍旧无法杜绝漏水现象的发生。

为雷维尔汽车装配工厂生产的电气配线（1989 年）：帕卡德电气墨西哥配线组装工厂——质量控制部门可确定的原因，出货前检验［IHG 护线环］

	新护线环年度			
	第 4 周	第 13 周	第 26 周	第 52 周
护线环的位置偏移超出公差 0.25 英寸	15	3	3	2
电线在护线环小孔中分布不合理	14	7	3	3
需要更换电线并重新密封	3	0	0	1
密封剂过量	8	0	1	0
密封剂涂抹不均匀	19	4	3	0
密封剂中有气泡	7	4	4	3
有一侧未涂抹密封剂	6	3	1	1
两侧均未涂抹密封剂	4	1	0	0
与电线束有关的漏水（纸杯测试）	60	94	54	42
每日电气配线产量	70	285	320	350

注：所用资料均为单日数据。

我感到颇为困扰，于是决定拜访大底特律地区两家最大的汽车经销商，想看看它们是否认为电气配线存在问题。虽然它们的资料并不齐全，但我还是找到了漏水维修记录。我试着根据手写的记录对新车型后半年度（第 27～52 周）的漏水原因进行分类。仪表板以下漏水的问题令客服经理们非常头痛，因为那种情况不但要花费数小时进行维修，而且容易引起客户投诉。

经销商维修：仪表板以下漏水的原因——IHG 电气配线

护线环开裂	2	密封垫破损	1
电线间漏水	1	连接螺丝丢失	1

我估计这些样本占到经销商所售 1989 年车型总数的 1%～2%。希望 RIM 项目能够顺利实施，从而为其他新车型的开发提供有力支持。

附录

术语表

电缆与元件设计部（Cable and Component Design，CCD）——一个产品开发部门。

合作参与工程部（Cooperative Involvement Engineering，CIE）——向可靠性职能主管报告，提供一种直接的客户反馈途径。

仪表板（dash/dashboard）——驾驶员和前座乘客面前的控制台，装有收音机、通风口等。

工程变更指令（engineering change order，ECO）——改变产品或流程规格的正式指令。

环境保护署（Environmental Protection Agency，EPA）——对有毒物质的使用实施监控的美国政府机构。

前围板（fire wall）——位于仪表板后面的金属板，用来将乘客舱和引擎舱分隔开。

密封垫（gasket）——护线环和前围板之间柔软而有弹性的垫片，在金属和护线环之间形成一道密封。

护线环（grommet）——连接在前围板上的一种塑料装置，用于固定和支撑穿过汽车前围板的电线电缆。

电气配线（harness）——在汽车的电子和电气元件之间传送电信号与电能的电线电缆束。

硬质注射成型护线环（injectable hardshell grommet，IHG）——由聚合物颗粒通过注射成型而得到的护线环。材质非常坚硬，较脆易碎。

夹具（jig）——注射成型过程中固定电线电缆束和模具钢板的装置。

产品、流程、可靠性委员会（Product，Process，and Reliability Committee，PPR）——管理帕卡德电气的新产品开发过程。

反应注射成型（reactionIn jection molding，RIM）——将两种液态

树脂（高分子化学物质）注射到一个模具中，使之相互反应，变成橡胶状固体塑料。

密封剂（Sealant）——用来黏合材料使之不渗水的树脂或胶黏剂。

最小存货单位（stock keeping unit，SKU）——帕卡德电气的生产系统中具有独一无二识别码和标志符的元件、组件或总成。

20世纪90年代的马来西亚（A）*

1991年初秋，马来西亚总理马哈蒂尔·宾·穆罕默德（Mahathir bin Mohamad）正在为自己的纽约之行做准备。他除了要在联合国大会上发表演说之外，还将会见有意在马来西亚投资的美国工商界人士。马来西亚独立30多年来，经济快速增长，政局相对稳定。马哈蒂尔希望通过追求更加宏伟的经济目标来维持这种稳定。

有报道称，马来西亚政府忽视环境的价值，这可能会对其国际声誉造成不良影响。位于加里曼丹岛东北部的东马来西亚沙捞越州（见资料1）存在大面积毁林现象，因而遭到了西方媒体的口诛笔伐。一个英国环保团体声称沙捞越的热带雨林"正遭受破坏性的砍伐，可能会在8年之内彻底消失"①。西方环保团体甚至游说政府禁止从马来西亚进口木材产品，并呼吁国际热带木材组织（ITTO）等机构敦促马来西亚改革现有林业政策。

环保激进主义使一系列与马来西亚自然资源开发有关的经济、政治问题变得更加错综复杂。木材和其他自然资源的出口是马来西亚外汇的主要来源。将自然资源的开发和最终产品的制造整合，即实施前向

---

* Professor Forest Reinhardt prepared this case. It is adapted from "Froest Policy in Malaysia" (HBS case No. 795－099.) Harvard Business School case 797－074.

① London Rainforest Movement and Singaporean and Malaysian British Association, "Sarawak: The Disposable Forest" (London, 1991).

一体化，是马来西亚的经济增长战略。欧美国家对环境价值的关注将减少其对马来西亚产品的需求，这势必影响到政府经济计划的实现。马哈蒂尔总理将在联合国大会上阐述自己的政策主张，他必须在经济发展和环境保护之间寻求平衡，并改善马来西亚与国际环保团体的关系。

马来西亚

18世纪，英国开始对泰国以南的马来半岛（马来亚）实施殖民统治。在此之前，这里曾经先后沦为葡萄牙和荷兰的殖民地。后来，英国的势力范围跨越了南中国海，进一步扩展到400英里以东的加里曼丹岛北部地区。

英国在殖民统治时期将印度劳工引入马来亚，让他们在森林中开辟新的橡胶园。虽然几个世纪以来当地一直都有华人居住，但是直到英国统治时期中国移民才开始大量涌入，他们大都在锡矿和橡胶园中工作。印度人和华人的到来，使得马来亚的民族构成更加多元化。马来半岛的居民以信奉伊斯兰教的马来人居多，而加里曼丹岛北部地区则生活着许多少数民族。

第二次世界大战期间，包括马来亚、新加坡、加里曼丹、苏门答腊、爪哇在内的整个地区都落入日本之手。日本投降后，英国恢复其殖民统治。1957年，马来亚联合邦获得独立，并成为英联邦的一员。1963年，马来亚联合邦与新加坡、沙捞越、沙巴合并，组成马来西亚联邦。1965年，新加坡退出联邦，成立新加坡共和国（马来亚现在称为马来半岛或西马来西亚；沙巴与沙捞越合称东马来西亚）。

经济战略

马来西亚盛产橡胶，并且拥有丰富的木材和锡矿资源。1960年以前，马来西亚的出口收入几乎有一半来自橡胶。后来，随着出口经济的多元化，这一比例有所下降。20 世纪六七十年代，锡是非常重要的出口商品。1973 年石油危机爆发后，石油和天然气也开始成为出口创汇产品。到 1980 年，燃料占了马来西亚出口收入的 1/4，而政府财政收入也有约 25%来自国有石油公司 Petronas[①]。

20 世纪五六十年代，和许多发展中国家一样，马来西亚在世界银行的推动下实施进口替代战略[②]。进入 20 世纪 60 年代后期，虽然进口限制依然存在，但政府开始将重点转移到鼓励出口上。它们使用多种政策手段来鼓励出口导向型的经济增长模式，包括建立多个自由贸易区、实行免税和其他投资激励措施、放宽技术共享要求等。

这些政策性优惠，再加上低工资、高英语普及率，为马来西亚创造了吸引外商直接投资的有利环境。20 世纪七八十年代，英特尔公司（Intel）、美国国家半导体公司（National Semiconductor）以及其他高科技公司纷纷在西马来西亚设立装配工厂。1975—1985 年，马来西亚的半导体产业平均每年增长 20%[③]。

与此同时，政府积极探索使自然资源出口组合更趋多样化的途径。20 世纪六七十年代，除了木材的生产和出口稳步增长外[④]，马来西亚还大量种植木本油料作物油棕，到 20 世纪 80 年代后期，棕榈油的出口收入已经超过橡胶。必须说明的是，橡胶园和油棕种植园的开辟都是以大面积砍伐原始森林为代价的。

除了出口商品多样化，马来西亚还鼓励自然资源产业实施前向一体化，以规避原材料价格波动所带来的影响。通过免税、其他税收优惠、原材料出口限制等，政府鼓励在国内生产木材、胶合板、线角、家具、轮胎、橡胶手套等，以替代原木和天然橡胶的出口。但是直到 20 世纪 80 年代末，超过半数的马来西亚林产品还是以原木的形式出口，橡胶的出

---

① Fong Chan Onn，*The Malaysian Economic Challeng in the 1990s*（Singapore：Longman，1989），pp. 98，159，203，177 - 178.

② Mohamed Ariff，*The Malaysian Economy：Pacific Connections*（Singapore：Oxford University Press，1991），p. 10.

③ Keith Colquhoun，"Malaysia：The Struggle for Survival，" *The Economist*，January 31，1987，Survey，p. 9.

④ Raj Kumar，*The Forest Resources of Malaysia*（Singapore：Oxford University Press，1986），pp. 38 - 39.

口也同样以原料为主，制成品的数量相对较少[①]。

许多发展中国家在世界银行和国际货币基金组织的推动下实施进口替代战略。它们为了向工业化国家购买消费品和生产资料，往往需要首先出口大量的原材料商品以换取外汇。马来西亚政府对这种经济发展模式持怀疑态度。在马哈蒂尔总理看来，这一战略将导致农产品和资源类商品的过度生产，并降低发展中国家的进出口交换比率。他说："这种模式已经给世界上很多国家和地区，尤其是非洲带来了严重的危害。"[②]

马来西亚政府计划不断增加工业制成品的出口，并逐步降低对自然资源商品的出口依赖。它们准备在20世纪90年代期间，将工业制成品的出口提高4倍，燃料和锡的出口略作削减，原木和木材的出口减少50%[③]。（资料2至资料6显示的是马来西亚在20世纪80年代期间的经济数据，包括国民收入、国际收支平衡表、出口商品结构、收入分配等；资料7显示的是马来西亚和其他国家与地区的经济数据比较。）

马来西亚雄心勃勃的经济计划中还包括对普腾赛佳（Proton Saga）汽车的推广。该车于1985年首次面市，由日本三菱汽车公司（Mitsubishi Motors）和一家马来西亚国有公司合作设计与制造，是当地最为普及的车型。三菱公司提供了许多工程和管理方面的经验，并于1988年接手管理普腾工厂。1989年，普腾汽车首次实现盈利。政府虽然看好该车的技术性能和海外市场前景，但对国内汽车制造业的发展仍然心存忧虑，于是便大幅提高汽车进口关税。和许多其他亚洲国家一样，马来西亚把保护本国制造业作为经济发展战略的有机组成部分[④]。

马来西亚与文莱、印度尼西亚、菲律宾、新加坡、泰国等同属东南

---

① Ministry of Primary Industries Malaysia, "Profile: Malaysia's Primary Commodities" (Kuala Lumpur, 1990), pp. 117-119, 223ff.; Bank Negara Malaysia, "Annual Report 1990" (Kuala Lumpur), pp. 211-212.

② Ai Leng Choo and Nayan Chandra, "Prime Minister of Malaysia Criticizes Western Model for Economic Growth," *The Wall Street Journal*, September 30, 1991, p. A5B.

③ Government of Malaysia, "The Second Outline Perspective Plan" (Kuala Lumpur, 1990), p. 80.

④ World Bank, *The East Asian Miracle: Economic Growth and Public Policy* (New York: Oxford University Press, 1993), Chapter 6.

亚国家联盟（简称东盟）成员国。东盟于 1967 年成立，最初是围绕外交和安全事务进行对话的平台，越南战争结束后，逐渐将重心转移到经济合作领域。20 世纪 90 年代初，马来西亚及其邻国开始讨论筹建东盟自由贸易区，以期通过减少成员国之间的关税和非关税壁垒，增强东盟作为单一生产单位的竞争优势。但是一些观察家认为，设立东盟自由贸易区的意义不大，甚至还可能带来反效果。“东盟成员国之间的经济联系相对较弱，比不上与其他亚太经济合作组织（如美国和日本）的贸易往来……东盟各经济体间，竞争多于互补。在这种情况下，如果试图通过削减成员国之间的关税来增加区域内贸易，就很有可能会造成大量的贸易转移，即原先可以从第三方国家进口成本较低的产品，现在却不得不转为从伙伴国进口成本较高的产品。”[①]（1988 年，马来西亚对新加坡的出口额为 41 亿美元，对东盟其他国家的出口额为 10 亿美元，对日本的出口额为 42 亿美元，对美国的出口额为 37 亿美元[②]。）

社会环境

马来西亚政府将经济快速增长视为政治稳定的前提。许多马来西亚人和外国观察家认为，种族和宗教紧张局势是马来西亚社会的最大现实，也是政府需要解决的中心问题。1987 年出版的一期《经济学人》杂志上写道：“马来西亚并没有实现真正的种族融合，紧张局势之所以暂时得到控制，完全是因为政府努力维持着较高的就业率和工资水平。”[③]

马来人和加里曼丹岛北部地区的少数民族属于马来西亚土著，被政府称为“土地之子”。1990 年的马来西亚人口构成中，有一半是土著，1/3 是华人，其余的则主要是印度人。

从英国统治时期开始，华人一直是马来西亚商界的中流砥柱[④]。“马来人不管在教育方面，还是商业领域，始终相对落后，他们的怨恨不断

① Ariff，pp. 164 - 165.

② Ariff，p. 16.

③ Colquhoun，p. 13.

④ Ian Buruma，*God's Dust*（London：Vintage，1991），pp. 113 - 114.

累积。1969年马来西亚大选，执政联盟遭到自独立以来最惨重的失败，华人反对党开始威胁到马来人的政治主导地位，这最终引发了大规模的排华暴乱，并导致数百人丧生。”①

此后，政府为了缩小不同种族和地区之间的社会经济鸿沟，专门制定了新经济政策（NEP）②。该政策对不同种族在教育、就业、所有权、补助、信贷计划等方面的配额做出了明确的规定③。举例来说，马来人在公司中的股权将从1971年的1.5%增至1990年的30%；政府将为马来学生建造新的大学和技术学校，并将马来语作为官方授课语言；华人被取消了自办中文大学的权利；大学招生以及高级公务员和外交官的招聘中，马来人和非马来人的比例必须控制在4∶1④。

实施新经济政策后，种族间的收入差距减小了。虽然华人家庭的平均收入依然一路走高，但土著家庭的收入增长速度更快（见资料6）。到1991年，尽管该政策并没有彻底消除收入不平衡现象，而且也未完全实现当初的配额目标，但马来西亚政府认为它在总体上是成功的：“马来西亚在20年的时间里，不但取得了经济上的飞速发展，而且在处理贫困和经济失衡问题方面也更趋成熟。”新经济政策结束后，政府又制定了国家发展政策（NDP）。后者与前者有许多相同的目标，但不包含具体的配额规定⑤。

根据企业所有权方面的要求，凡是华人经营的公司都必须与马来人合作。这就导致了新的寻租行为和低效率的发生。“我的合伙人都是华人。虽然他们提供全部资金，但我却拥有51%的股份。我帮助他们避免在政治上犯错，并从政府官员手中获得所需的执照和批文。他们得以施展拳脚，我也因此收入颇丰。”一位马来企业家如是说⑥。

---

① Margaret Scott，“Where the Quota Is King，” *The New York Times*，November 17，1991，VI，p. 63.

② Malaysia，“The Second Outline Perspective Plan，” p. 8.

③ Lucian Pye，*Asian Power and Politics：The Cultural Dimensions of Authority*（Cambridge：Belknap Press of Harvard，1985），p. 262.

④ Pye，p. 262.

⑤ Malaysia，“Second Outline Perspective Plan，” pp. 45，7－21.

⑥ Quoted by Scott，p. 67.

新经济政策的拥护者相信，在不同种族之间重新分配财富有助于增进政治稳定。一位马来西亚内阁部长在 1991 年表示：“现在的局势一触即发，政府必须努力加以控制。”马哈蒂尔总理反复强调消除贫困、重新分配财富的重要性，他希望每个公民都能从经济发展中获益。通过加大教育投入、改善基础设施、吸引外商直接投资、实施自然资源产业前向一体化等，马来西亚计划在 2020 年成为全面发达国家。

政治体制

马来西亚政府自成立以来，一直由被称为“国民阵线”的政党联盟所控制。国民阵线第一大党是马来人组成的马来民族统一机构（又称“巫统”）。国民阵线其他成员党还包括马来西亚华人公会、马来西亚印度人国大党、人民运动党（又称“民政党”）、沙捞越国民党、沙捞越土著保守统一党、沙捞越达雅克族党、沙捞越人民联合党等。通常，国民阵线的每个政党都由单一民族构成。

按照《经济学人》杂志的说法，“马来西亚并不是真正意义上的民主制国家。虽然每个成年人都有投票的权利，而且选举也比较公正，但巫统每次都能毫无悬念地胜出。反对党永远不可能组建政府，顶多被邀请加入执政联盟，共同参与决策并享受公职福利”[①]。有人认为马来西亚的政治体制与日本相似，都是由执政联盟掌控议会和内阁，并持续赢得选举。

经济绩效

20 世纪 70 年代，虽然政府把主要精力用于收入分配和维持政治稳定，但马来西亚的经济增长率依然高达 7.6%[②]。进入 20 世纪 80 年代中期，石油、锡、橡胶、棕榈油的价格在世界范围内大幅下跌，导致马来西亚经济一度陷入困境。好在从 1987 年开始，市场峰回路转，实际国民

---

① Colquhoum，p. 8.

② Ariff，p. 8.

生产总值增长率达到9%，整个20世纪80年代的实际增长率为5.9%。这些令人印象深刻的数字似乎支持了马哈蒂尔总理的信念，即马来西亚有望在30年内将人均国民生产总值提高9倍，并最终成为全面发达国家。但是有观察家指出，马来西亚的发展在很大程度上依赖于外商投资，随着工人工资水平的不断提高，这些投资者可能转向劳动力成本更加低廉的泰国、印度尼西亚、中国或者越南。此外，马来西亚贫富差距依然明显，最富裕的1/5人口的收入是最贫困的1/5人口的16倍，这一比值高于韩国、新加坡和印度尼西亚等国家和地区①。

马来西亚的林产品工业

1991年，马来西亚木材出口创汇超过锡和橡胶的总和（见资料4）。林产品工业作为实现资源型工业化的重要引擎，受到马来西亚政府的高度重视。但是，随之而来的资源浪费、过度砍伐等生态破坏现象也引起了西方媒体和环保人士的关注。

与世界上大部分国家一样，马来西亚政府牢牢控制着林产品工业。虽然大部分林地归各州所有，但是根据林业政策，马来半岛各州已经把许多林地的管理权转交给联邦政府，只有东马来西亚的沙巴和沙捞越依然保留着对州内森林资源的直接开发权。

林地分类和林业规划

政府机构有一套复杂的林地分类和规划体系。大部分林地属于永久森林区，由林业部门本着社会、经济、环境效益最大化的原则进行管理②。有些林地属于全面森林保护区，严令禁止任何形式的木材开发活动；其余林地属于州森林区，既可发展林业，也可通过改造用于农业生

① Andrew Cowley, "Asia's Emerging Economies," *The Economist*, November 16, 1991, Survey p. 17.

② Ministry of Primary Industries Malaysia, "Forestry in Malaysia" (n. d.), p. 6.

产（各类林地的面积见资料 8）。

如果州森林区被用来发展农业或种植橡胶树与油棕，那么必须首先将原始森林完全伐除（这一过程称为“皆伐”）。与此相反，如果州森林区被用来发展林业，那么砍伐林木必须要有选择性，以保证森林资源的再生（这一过程称为“择伐”）。择伐也同样适用于永久森林区。马来西亚的林业官员规定，永久森林区中天然雨林的单次采伐量不能超过每英亩 3～4 棵，采伐间隔期为 25～30 年。

特许权制度

马来西亚林业部门将采伐特许权授予私人主体。特许权持有者在支付特许权使用费和其他费用之后，便可以在一定时期内从特定的林地中开采相应数量的木材。他们通常会把实际采伐工作承包给其他公司。

特许权持有者除了可以自己进行木材加工外，还可以将原木在国内市场出售。1990 年，马来西亚有 1 000 多家锯木工厂和 80 多家单板/胶合板生产工厂争相购买木材原料（除此以外，需要采购木材的还有大约 650 家其他工厂，它们生产家具、镶花地板、刨花板、线角、火柴、铅笔等木制品[①]）。沙巴和沙捞越的特许权持有者甚至还可以将原木销往出口市场。

沙捞越的大部分商用林地是山林，林业官员认为采伐间隔期以 25～30 年为宜。沙捞越永久森林区的特许权期限为 10～15 年，到期后如果获得州林业局的批准还可以续延。每个特许权持有者通常可以获得 50 000～250 000 英亩的开采面积。

特许权持有者根据产量向政府交纳特许权使用费。这一费用是原木价格的 15%～30%（视原木种类而定），它构成了沙捞越州政府每年总收入的 40%～45%。除特许权使用费和许可费以外，特许权持有者还需要向政府支付一笔额外的费用，用于改善热带雨林地区居民的医疗和教育

① Ministry of Primary Industries Malaysia，“Statistics on Commodities”（1991），pp. 156 - 157.

状况①。

一些西方观察家对特许权的分配和运作机制表示不满，认为这样会滋生腐败、加速毁林。大部分特许权持有者的唯一实际资产居然就是特许权本身，至于幕后所有者的身份更是不会轻易对外公开。1990年出版的一期《经济学人》杂志上写道："沙捞越的州长按照个人意志分配采伐特许权。最近两任州长分别将300万英亩和400万英亩林地的特许权授予各自的家族成员。该州的旅游和环境部长并没有对此进行制止，因为他本人就是三份特许权的持有者。"②

特许权持有者和承包商的非法采伐是另一个严重的问题。沙捞越林业局总共只有1 600多名工作人员，却要管辖一个面积接近于纽约州的地区，更糟糕的是，这个地区尚未开发、崎岖不平、几乎无路可通。开采限制在这里很难强制执行，因为一根柳桉原木的价值就相当于普通马来西亚人两个半月的收入。

马来西亚政府认为，特许权制度虽然存在缺陷，但已经是当前情况下的最优选择。一位资深官员表示："为了维持政治稳定，如果实际采伐量超出森林管理计划10%～20%，我们也可以接受。"

鼓励发展下游产业

马来半岛、沙捞越、沙巴地方政府都使用补贴、免税等方式，鼓励企业在当地进行木材、胶合板、家具和其他木制品的生产（不过它们并没有降低木材加工行业的进入门槛，任何公司想要建造新的工厂，都必须首先获得政府的许可）。虽然实施了这些激励举措，但是直到20世纪90年代初，马来西亚林产品工业最主要的收入来源依然是沙巴和沙捞越的原木出口（见资料9）。

---

① In "The dwindling forest beyond Long San," *The Economist* (August 18, 1990, pp. 23ff.) reported that royalties in Sarawak were just 2% of the timber's value. In 1990, the Sarawak government took in 520 million Malaysian ringgits (M$) in timber tax revenues, according to government budget documents; that year, log exports from the state were worth about M$ 2 800 million. Various premiums totalled M$ 52 million in 1990.

② "The dwindling forest beyond Long San," *The Economist* (August 18, 1990). p. 23.

从1985年起，马来西亚政府就禁止马来半岛出口未经加工的原木，以促进国内木材加工业的发展。到1991年，政府开始考虑提高木材和胶合板的出口关税，以便进一步推动前向一体化。

通过发展木材、胶合板、家具等下游产业，马来西亚可以避免原木价格波动所带来的影响。同时，纵向整合还能提高林产品工业的就业水平，并减轻森林危机，因为相同数量的原木带来了更多的工作机会和出口收入（目前，沙捞越大约有75 000人从事与木材相关的工作，占劳动力总数的1/10）。

如果原木在沙捞越当地进行加工，州政府将会返还80%的特许权使用费。对于投资木材加工厂的企业，马来西亚联邦政府都会给予大幅税收优惠。表现积极的公司可以享受5年所得税免缴待遇，新办企业则可以通过投资税收抵免来减轻自己的联邦税负①。

环境问题

根据世界环境与发展委员会（WCED）的报告，20世纪80年代的全球热带雨林面积约为22.5亿英亩。此前的人类活动已经至少造成15亿英亩林地的毁坏。每年有超过2 500万英亩的热带雨林消失，还有2 500万英亩遭到严重破坏②。

热带雨林的消失引起了环保人士的担忧。从地方上来看，森林覆盖面积的减少会导致水土流失，并大大提高灾难性洪水发生的概率。此外，对热带雨林的破坏还会加速动植物物种的灭绝。虽然热带雨林只占地球陆地面积的6%，但是其中却有世界上50%～90%的动植物物种。生物学家认为，人为因素所造成的物种灭绝是自然因素的成百上千倍③。

很多野生物种对于人类的发展具有非常重要的作用。它们可以用来

---

① Ministry of Primary Industries Malaysia，"Profile：Malaysia's Primary Commodities，" p. 1.

② World Commission on Environment and Development，*Our Common Future* [also known as "the Brundtland report"；hereinafter cited as "WCED"]（Oxford：Oxford U. P.，1987），p. 151.

③ WCED，p. 150.

制造药物，培育新的农作物，研发橡胶、树脂、燃料、鞣料、植物蜡、杀虫剂等化合物[①]。可惜对于那些已经消失的物种，人们研究得很少，甚至一无所知，自然也就谈不上加以有效的利用。

森林覆盖面积的减少还会引起二氧化碳和其他温室气体浓度的升高，导致全球变暖。各项研究表明，在影响气候变化的因素中，森林开采占5%～15%[②]。

虽然马来西亚只拥有全球热带林地的2%～3%，但加里曼丹岛北部地区的茂密森林却受到了西方媒体和环保人士的极大关注，同时也是激烈争论的焦点所在。

热带国家的木材产量和森林流失很难进行准确的统计。初步估算，20世纪80年代，马来西亚每年有2%～4%的林地受到影响（见资料8）。西方环保团体认为，当地的木材砍伐速度超过了森林生长速度，不利于实现可持续发展[③]。

马来西亚林业官员对此不敢苟同。他们认为森林开采并不意味着毁林，因为政府已经对单次采伐量和采伐间隔期做出了明确的规定。同时，他们还对西方环保团体的统计方法提出了质疑。

马来西亚政府指出，与商业采伐相比，小规模临时性伐木造田才是更大的问题。农民为了种植庄稼，常常砍伐并焚烧小块林地，但是几年之后便会废弃，另外开辟新的田地。在沙捞越林业局看来，刀耕火种的迁徙耕作方式正是该州森林流失的主要原因[④]。

一些西方媒体还披露，马来西亚在森林开采过程中漠视加里曼丹岛土著的民族自决权。焦点集中在森林游牧民族普南人（Penan）身上，他们的生活方式受到了威胁。据统计，该民族人口总数约为9 000人。但是马来西亚政府表示，其中过着传统游牧生活的只有300人。曾经有土著

---

① WCED，p. 156.

② "Global Climate Change" and Supplements（HBS Case Nos. 391 - 180 through 391 - 188）.

③ "Sarawak：The Disposable Forest."

④ Sarawak Forest Department，"Forestry in Sarawak"（Kuching，1991），p. 8；see also Ministry of Primary Industries Malaysia，"Profile：Malaysia's Primary Commodities，" p. 138.

人试图通过烧毁桥梁、堵塞道路等方式来制止伐木，却不幸遭到了起诉，甚至被关进了监狱[①]。

林业管理调整

ITTO报告及其建议

1989—1990年，马来西亚和沙捞越州政府邀请ITTO观察员前往沙捞越视察林地、评估林业活动，并帮助提供建议。ITTO的成员主要是热带林产品的出口国和消费国，还有一些环保团体与贸易协会，其宗旨是：在热带森林资源的开发与保护之间谋求平衡，推动可持续发展[②]。

考察团于1990年5月向ITTO提交了报告。他们建议沙捞越将每年的木材产量减少至920万立方米。具体来说，永久森林区的产量应当控制在630万立方米，州森林区的产量应当控制在290万立方米[③]。虽然沙捞越1990年的木材产量约为1 800万立方米，接近ITTO建议量的两倍，但是州政府依然表示，它们基本可以接受ITTO的考察报告建议，并且会在国际社会的帮助与配合下努力实现这些目标[④]。

ITTO报告发布之后，仍旧争论不断。考察团当初建议沙捞越林业局大量增员，改善管理[⑤]。可是一年半过去了，林业局却没有增加一个雇员。沙捞越州政府解释，它们的招聘工作必须首先获得联邦政府的批准，尽管林业局迫切希望扩招400人，可是吉隆坡方面却一直在“讨论与研究”。联邦官员对此进行了反驳，他们表示真正的雇用权力其实掌握在古

① Singaporean and Malaysian British Association, “Attempts to Protect Land End in Severe Jail Terms,” Press release, 1991.

② International Tropical Timber Organization, Report submitted to the International Tropical Timber Council by Mission Established Pursuant to Resolution Ⅰ（Ⅵ）, “The Promotion of Sustainable Forest Management: A Case Study in Sarawak, Malaysia” (May 1990) [hereinafter “ITTO Mission Report.”], p. 1.

③ ITTO Mission Report, pp. 34, 71.

④ “Statements by the State Government of Sarawak Malaysia on the ITTO Mission Report” (n. d.).

⑤ ITTO Mission Report, p. 71.

晋（沙捞越首府）官员手中。在这期间，沙捞越的木材产量依然远远高于ITTO的建议量。

其他措施

许多观察家（包括ITTO考察团）建议沙捞越和马来西亚政府扩大全面森林保护区（国家公园、野生动物保护区）的规模。沙捞越同意将这类地区的面积增加3倍。从短期来看，政府必须做好有关居民的转移安置工作；从长期来看，政府不得不承受相应的收入损失。考虑到沙捞越的热带雨林属于全球性资产，有西方人士建议，应该对加里曼丹岛居民提供一定额度的补偿。

西方木材禁令?

有些环保激进主义团体游说西方国家禁止从马来西亚进口林产品，想要以此对马来西亚的林业政策施加压力[①]。作为回应，马来西亚官员指出，出口到美国和欧洲的大部分家具产自西马来西亚，而原木出口则全部来自东马来西亚；此外，马来西亚原木的主要消费国都位于远东地区，它们不可能参与对马来西亚木材的联合抵制。

许多马来西亚人在木材贸易限制的背后看到了西方软木生产者的险恶用心。政府官员和行业领袖都指出，北美和斯堪的纳维亚地区的木材商与西方环保团体之间结成了某种联盟。“这些木材生产商担心自己的市场份额被热带木材所挤占，所以资助环保团体，让他们进行反对热带硬木的活动。”一位官员愤慨地表示。马哈蒂尔总理将于1991年9月在联合国发表演说。他的演讲稿撰写人在草稿中写道：“西方国家联合抵制热带木材的做法，与其说是为了保护森林，不如说是实施经济打压……这只是它们借以减少我国收入的手段而已。”[②]

---

① ITTO Mission Report, pp. 5 - 6. The ITTO Mission did not support these proposals.

② Malaysia Embassy to the United Nations, “Statement by H. E. Data' Seri Dr. Mahathir Mohamad, United Nations General Assembly, New York, 24 September 1991.”

资料

资料 1 面积和人口

	马来西亚全境	马来半岛	沙捞越	沙巴
面积（千平方英里）	127	50	48	29
人口（百万）				
1980 年	13.7	11.4	1.3	1.0
1990 年	18.0	14.7	1.7	1.5
人口密度（每平方英里人口），1990 年	142	294	36	49
人口年增长率，1980—1990 年	2.8%	2.6%	2.5%	3.9%

资料来源：The Economist Intelligence Unit，“Malaysia，Brunei Country Profile”（September 1991）；Government of Malaysia，“Sixth Malaysia Plan 1991 - 1995”（Kuala Lumpur，1991）.

注：由于四舍五入的原因，分项之和与合计项之间可能存在尾差。

资料 2 国内生产总值（10 亿林吉特——以 1978 年币值计算）

	1980	1981	1982	1983	1984	1985	1986	1987	1988	1989	1990
GDP	44.5	47.6	50.4	53.6	57.7	57.1	57.8	60.9	66.3	72.1	78.9
居民消费	24.4	25.7	26.5	27.4	29.1	29.2	26.3	26.9	31.2	35.6	39.4
政府消费	7.8	8.8	9.6	10.0	9.5	9.4	9.5	9.7	10.1	10.9	11.6
投资	13.9	16.5	17.8	19.2	19.8	17.9	14.6	14.0	16.1	21.2	25.4
存货增加	−0.3	−0.5	0.5	0.4	1.0	−1.3	−0.2	0.1	1.2	−0.1	−0.5
出口	22.6	22.4	24.8	27.9	31.7	31.9	35.6	40.8	45.6	53.9	62.2
进口	23.9	25.3	28.7	31.3	33.3	30.1	28.1	30.5	38.0	49.4	59.2
GDP 的构成											
居民消费	55%	54%	53%	51%	50%	51%	46%	44%	47%	49%	50%
政府消费	17	18	19	19	16	16	17	16	15	15	15
投资	31	35	35	36	34	31	25	23	24	29	32
存货增加	−1	−1	1	1	2	−2	0	0	2	0	−1
出口	51	47	49	52	55	56	62	67	69	75	79
进口	54	53	57	58	58	53	49	50	57	69	75
农、林、渔业	23%					21%					19%
采矿、采石业	10					11					10
制造业	20					20					27
建筑业	5					5					4
电力、燃气及水的生产和供应业	1					2					2
服务业	41					43					39

资料来源：Asian Development Bank，“Key indicators of Developing Asian and Pacific Countries，” Volume XXII（1991）；The Economist Intelligence Unit，“Malaysia，Brunei Country Profile”（1991）.

注：由于四舍五入的原因，分项之和与合计项之间可能存在尾差。

资料3　国际收支平衡表（10亿美元）

	1980	1981	1982	1983	1984	1985	1986	1987	1988	1989	1990
商品出口	$12.9	$11.7	$12.0	$13.7	$16.4	$15.1	$13.5	$17.8	$20.9	$24.8	$29.0
商品进口	−10.5	−11.8	−12.7	−13.3	−13.4	−11.6	−10.3	−11.9	−15.3	−20.9	−26.5
贸易差额	2.4	−0.1	−0.8	0.4	3.0	3.6	3.2	5.8	5.5	3.9	2.5
其他商品、服务和收入[a]	−2.7	−2.3	−2.8	−3.9	−4.6	−4.2	−3.4	−3.3	−3.9	−4.2	−3.8
无偿转移	0.0	0.0	0.0	0.0	0.0	0.0	0.0	0.1	0.2	0.1	0.1
经常账户差额	−0.3	−2.4	−3.6	−3.5	−1.7	−0.6	−0.1	2.6	1.8	−0.2	−1.2
直接投资	0.9	1.3	1.4	1.3	0.8	0.7	0.5	0.4	0.7	1.8	3.1
证券投资	0.0	1.1	1.8	1.4	1.0	0.3	0.6	−0.9	−1.0	−0.2	[b]
其他长期资本	0.1	0.2	0.4	1.3	1.0	0.7	0.2	0.0	−1.0	−0.8	−0.9
其他短期资本	0.4	0.0	0.1	−0.1	−0.1	0.4	0.0	−1.0	−1.1	0.3	0.4
误差与遗漏	−0.7	−0.6	−0.4	−0.4	−0.9	−0.1	0.5	0.1	0.1	0.2	0.2
总差额	0.5	−0.5	−0.3	0.0	0.1	1.3	1.7	1.1	−0.4	1.2	1.6

资料来源：Asian Development Bank.

注：a　其中，各年的净投资收入如下：1980年为−6亿美元，1984年和1985年为−22亿美元，1990年为−18亿美元（资料来源：IMF Balance of Payments Statistics，various years）。

b　1990年的证券投资包含在其他长期资本中。

资料4　出口商品结构

出口商品	1980	1981	1982	1983	1984	1985	1986	1987	1988	1989	1990
橡胶	16%	14%	9%	11%	10%	8%	9%	9%	10%	6%	4%
锡	9	8	5	5	3	4	2	2	2	2	1
原木和木材	14	13	16	13	10	10	11	13	11	11	9
棕榈油	9	10	10	9	12	10	9	7	8	7	6
石油	24	26	27	24	23	23	15	14	11	12	13
其他[a]	28	29	32	38	43	45	54	55	59	63	67

资料来源：Asian Development Bank.

注：a　"其他"主要包括工业制成品，也包括少量的食品和饮料产品。

资料5　经济指标和政府财政

	1980	1981	1982	1983	1984	1985	1986	1987	1988	1989	1990
失业率	5.6%	4.7%	4.6%	5.2%	5.8%	6.9%	8.3%	8.2%	8.1%	7.1%	6.3%
汇率（林吉特/美元）	2.22	2.24	2.32	2.34	2.43	2.43	2.60	2.49	2.72	2.70	2.70
消费者物价指数上涨	6.8%	9.7%	5.7%	3.7%	3.6%	0.4%	0.6%	0.8%	2.5%	2.8%	3.1%
狭义货币供应量增加	15.0%	12.8%	13.3%	7.7%	−0.6%	1.7%	2.8%	130%	14.6%	17.6%	14.0%
联邦政府财政（10亿林吉特）											
收入	13.9	15.8	16.7	18.6	20.8	21.1	19.5	18.1	22.0	25.3	27.2
经常性支出	13.7	15.7	16.7	18.4	19.8	20.1	20.1	20.2	21.8	24.8	26.0
经常性盈余	0.2	0.1	0.0	0.2	1.0	1.0	−0.6	−2.0	0.2	0.4	1.2

续表

	1980	1981	1982	1983	1984	1985	1986	1987	1988	1989	1990
资本性支出	7.3	11.1	11.2	9.4	8.1	6.8	7.0	4.1	4.0	5.7	8.0
总盈余	−7.1	−11.0	−11.2	−9.2	−7.1	−5.7	−7.5	−6.2	−3.9	−5.3	−6.8
净国内借款	2.3	4.1	6.0	4.5	3.2	3.6	5.0	8.7	7.9	2.5	3.8
净国外借款	0.3	3.4	4.9	4.6	3.1	1.0	1.3	−2.4	−3.1	−1.0	−0.8
其他[a]	4.5	3.5	0.2	0.1	0.8	1.2	1.2	−0.1	−0.9	3.8	3.8
国内生产总值	53.3	57.6	62.6	70.4	79.6	77.5	71.6	79.6	90.6	101.5	115.0
政府财政资金占国内生产总值的比重											
经常性盈余	0.4%	0.2%	0%	0.3%	1.3%	1.4%	−0.8%	−2.6%	0.2%	0.4%	1.1%
总盈余	−13.3	−19.1	−17.8	−13.0	−8.9	−7.4	−10.5	−7.7	−4.3	−5.2	−5.9
净国外借款	0.6	5.9	7.8	6.5	3.9	1.2	1.9	−3.1	−3.4	−1.0	−0.7

资料来源：Asian Development Bank.

注：a 包括特别收入、储备货币的使用、资产出售。

资料 6 不同地区和种族的家庭平均月收入，1976 和 1990 年（林吉特）

		1976 年的月收入	1976 年的月收入与全国平均水平相比（%）	1990 年的月收入	1990 年的月收入与全国平均水平相比（%）	1976—1990 年的复合年均增长率（%）
马来西亚全境	平均	850	100	1 167	100	2.3
	马来人	571	67	829	71	2.7
	华人	1 340	158	1 631	140	1.4
	印度人	904	106	1 201	103	2.0
	其他	1 677	197	3 292	282	4.9
沙捞越	平均	719	85	1 208	104	3.8
	马来人	485	57	932	80	4.8
	华人	1 192	140	1 754	150	2.8
	其他	4 905	577	4 235	363	−1.0
沙巴	平均	864	102	1 148	98	2.1
	马来人	579	68	895	77	3.2
	华人	2 005	236	2 242	192	0.8
	其他	2 382	280	2 262	194	−0.4

资料来源：Government of Malaysia，“The Second Outline Perspective Plan，1991 - 2000”（1991）；World Bank，“World Tables 1991”；Asian Development Bank.

资料 7 主要经济和社会指标比较

	马来西亚	韩国	印度尼西亚	泰国	菲律宾	日本	美国
面积（平方英里）	128 400	38 031	782 659	198 772	116 000	143 750	3 618 769
人口（百万，1990 年）	17.5	43.0	190.1	55.1	66.1	123.6	250.4
人口密度（每平方英里人口）	136	1 132	243	277	570	860	69

续表

	马来西亚	韩国	印度尼西亚	泰国	菲律宾	日本	美国
国民生产总值（10亿美元）							
1980年	22.8	83.3	54.4	47.4	37.0	2 080.0	3 865.0
1988年	32.3	168.9	76.2	58.0	40.4	2 586.0	4 881.0
人均国民生产总值（美元）							
1980年	1 659	2 184	351	1 012	727	17 810	16 970
1988年	1 972	3 950	414	1 063	639	23 290	19 840
复合年均增长率，1980—1988年							
国民生产总值	4.5%	9.2%	4.3%	2.6%	1.1%	4.0%	3.0%
人均国民生产总值	2.2%	7.7%	2.1%	0.6%	−1.6%	3.4%	2.0%
出生预期寿命，1990年	67.8	69.6	60.3	66.8	65.9	79.3	75.6
每百人电话拥有量（20世纪80年代中期）	9.1	25.5	0.5	1.9	1.5	55.5	76.0
军费开支（1988年）							
百万美元	908	7 202	1 400	1 718	680	28 870	307 700
占国民生产总值的比重	2.8%	4.3%	1.8%	3.1%	1.7%	1.0%	6.3%

资料来源：Statistical Abstract of the United States.

资料8　林地使用情况和木材产量

	马来半岛	沙捞越	沙巴	总计
林地使用情况（百万英亩，1988年）				
天然林：	15.2	23.3	11.0	49.4
已砍伐	7.5	7.9	7.3	22.6
未砍伐	7.7	15.4	3.7	26.8
树作物	8.4	0.7	1.3	10.4
人造林	0.1	0.0	0.1	0.2
其他	8.8	6.5	5.9	21.2
总计	32.5	30.5	18.2	81.2
林地管理情况（百万英亩）				
永久森林区：	11.7	11.0	8.3	31.0
已砍伐	4.6	4.1	4.9	13.6
未砍伐	7.1	6.9	3.5	17.6
州森林区：	3.6	9.4	2.3	15.3
已砍伐	3.2	6.1	2.2	11.4
未砍伐	0.4	3.4	0.1	3.9
全面森林保护区（国家公园、野生动物保护区）	1.5	0.7	1.2	3.4

续表

	马来半岛	沙捞越	沙巴	总计
总计	16.8	21.2	11.8	49.7
未砍伐的比例	53.6%	52.1%	40.9%	50.1%
产量	马来半岛	沙捞越	沙巴	
年份	1981—1987 年	1983—1990 年	1984—1987 年	
年平均砍伐面积（千英亩）	578	546	436	
年平均产量（百万立方米）	9.35	11.76	N/A	
年平均砍伐面积/森林总面积	3.8%	2.3%	4.0%	

资料来源：Malaysian Ministry of Primary Industries，"Forestry in Malaysia"（n. d.）；Sarawak Forest Department，"Forestry in Sarawak Malaysia"（1991）.

注：由于四舍五入的原因，分项之和与合计项之间可能存在尾差。

资料 9　木材生产和出口

	马来半岛	沙捞越	沙巴	总计
A. 木材产品的生产和出口（包括木材、单板、胶合板）	西马来西亚	沙捞越	沙巴	总计
产量，1980 年（千立方米）	6 112	380	646	7 138
产量，1990 年（千立方米）	7 529	781	2 375	10 685
出口，1990 年（千立方米）	3 642	544	2 391	6 577
出口/产量，1990 年	48%	70%	101%	62%
产量年增长率，1980—1990 年	2.1%	7.5%	3.9%	4.1%
B. 原木的生产和出口	西马来西亚	沙捞越	沙巴	总计
产量，1980 年（千立方米）	10 453	8 399	9 063	27 915
产量，1990 年（千立方米）	10 620	18 838	8 445	37 903
出口量，1990 年（千立方米）		15 898	4 564	20 462
出口量/产量，1990 年	0%	84%	54%	54%
产量年增长率，1980—1990 年	0.2%	8.4%	−0.7%	3.1%

C. 马来西亚原木出口对象和价格	日本	韩国	泰国	其他	总计
出口量，1980 年（千立方米）	8 825	1 689	—	1 725	15 087
出口量，1990 年（千立方米）	10 439	3 118	765	2 857	20 316
平均价格，1980 年（林吉特/立方米）	200	180	NA	114	173
平均价格，1990 年（林吉特/立方米）	222	194	208	171	199

资料来源：Malaysian Ministry of Primary Industries，"Statistics on Commodities，" pp. 150ff.；Sarawak Forest Department，"Forestry in Sarawak，" p. 35.

注：表格中 B 部分和 C 部分在 1990 年的出口总量上存在轻微差异，这是由原始数据不一致所造成的。

阿伦敦物资公司：电子产品分部（删节版）*

1992年7月，唐·罗杰斯（Don Rogers）准备花一些时间好好思考一下所在组织的状况。自前任领导在两年前去世之后，他就一直担任阿伦敦物资公司（Allentown Materials Corporation）电子产品分部（Electronic Products Division，EPD）的副总裁兼总经理。EPD目前面临着诸多问题，罗杰斯对此也是毫无头绪。他感受到了来自总部的与日俱增的压力。尽管电子零部件行业的竞争愈演愈烈，总部还是对EPD提出了大胆的利润目标，并要求其年增长率维持在公司平均水平的10%。EPD的业绩在1991年和1992年连续滑坡（具体数据见资料1），大多数的零部件制造商更是预测未来的总体市场还会不断萎缩。此外，EPD在送货和服务方面的声誉有所下降，缺货量也很大。罗杰斯谈到上述问题时说：

> 过去两年，我在EPD的日子并不好过。业务上异常激烈的竞争直接导致了销售额的下滑。为了应对业务衰退这一状况，我们大力削减人员和费用。这让我感到非常痛苦，但它确实扭转了局势。目前我们已经不再失控，可业务上的竞争依然激烈。员工们士气低落，团队间似乎存在着不可调和的矛盾。人与人之间更是缺乏基本的信心和信任。组织内部无法做到齐心协力，合作的缺失甚至影响到了

---

* This case was prepared by Research Associate Jennifer M. Suesse (under the direction of Professor Michael Beer). Harvard Business School case 498-047.

新产品的开发能力。大部分高级经理认为，业务不佳是我们发生冲突的原因所在，只有业务好转，才能让大家停止掐架。坦率地说，我也不清楚他们说得是否正确。这些冲突也许源于我们所承受的压力，但可能还存在某些深层次的原因。我需要确认团队间的冲突是否严重，然后再决定自己该怎么办。

阿伦敦物资公司

阿伦敦物资公司于 19 世纪后期成立于宾夕法尼亚州阿伦敦市，是特种玻璃的主要生产商。公司以研发新产品的能力著称，主要经营各种不同的玻璃和陶瓷制品。1992 年，阿伦敦的盈利非常可观。它对研发的投入比行业中其他公司高出许多。早在 20 世纪初，公司就建立了行业中第一个研发实验室——技术人员分部，负责玻璃制品及其相关领域的基础科研和产品流程开发。阿伦敦的制造能力更是为其先进的技术注入了活力。到目前为止，公司拥有持续增长的盈利能力，很少面临竞争的压力。它在制造领域的专利、技术特长和巨额投资使得其他企业很难对其构成威胁。

公司组织

阿伦敦的组织结构在很大程度上反映出技术与发展之间的紧密关系。公司高层非常重视研究开发工作，负责研发的副总裁直接向董事会主席报告。地位仅次于研发部门的是制造部门。许多人相信制造部门是晋升为公司高管的必经之路，因为已经有相当一部分高层领导出自该部门。为了强有力地保证以生产为导向，公司建立了以工厂为利润中心的监控制度。财务数据每 28 天汇报一次，每年 13 次。这种周期性的汇报制度在公司的各个层级中执行。

多年来，公司的所有运营机构都设在总部，但是随着业务的不断扩张，现在世界各地都有它的工厂和销售机构。1992年，除了两个分部以外，公司其他事业部的大本营都设在阿伦敦。这样，彼此之间就可以面对面地探讨经营问题，整个公司如同一个联系紧密的大家庭。员工们经常能在公司总部、大街上和其他社交场合相遇。来自各个层级、不同部门的人员相互之间都有一定的交流。高层领导也经常会在总部大楼与分部员工探讨他们的经营状况，比如订单、装运、销售以及利润等。

EPD 及其历史

EPD为几个不同的市场生产高品质的电子零部件（电阻和电容）。1992年，EPD超过一半的销售额来自大规模购买电阻、电容用于产品生产的贴牌制造商（OEM），其余则来自分销商。和公司其他业务一样，电子产品业务也是依靠其独特的技术优势成长起来的。其中有许多拳头产品都是为了满足OEM严格的规格要求而特意开发的。

电子零部件市场

20世纪80年代中期，美国太空计划和军队设施中的导弹防御系统都需要大量高品质的电子零部件，因为哪怕一个小小的瑕疵都会威胁到许多昂贵而精密的仪器的安全。政府愿意花高价来购买符合这些严格标准的零部件，而阿伦敦在这方面的科技实力正好使其能够为这个市场提供优质产品。

20世纪80年代后期，EPD的业务方向开始发生转变。由于冷战即将结束，军用市场萎缩，EPD开始把精力转向民用市场。个人电脑的普及，电信市场的扩张（如寻呼机、手机、传真机等），以及其他消费类电子产品的热销，都为其带来了新的商机。EPD利用自身独特的技术专长，成功地进入了这些新兴市场，并迅速确立了自己的领先地位。为了满足来自这些市场的大量需求，EPD于1990年在佐治亚州埃文斯县新建了一家工厂。

到 1992 年，电脑、电信以及消费类电子产品包揽了 EPD 六成的销售额。由于 OEM 开发出了新的终端产品，EPD 的管理者感受到了延伸产品线的持续压力。为了响应客户独特的需求，他们研发了相应的产品，以保持强劲的竞争力。新产品在刚刚问世的时候往往可以卖出高价，这就为公司的扩张带来了机会。但是随着市场的不断成熟，客户对价格越来越敏感，零部件供应商之间的价格战也就在所难免。

虽然竞争主要体现在价格方面，但是产品的质量和服务也同样重要。那些能够确保更短交付期（通常要短于 4 星期）的制造商固然受到偏爱，可是若想提高产品的质量就必然要延长交货时间，在生产过程中还必须使用更加严格的质量标准，因为质量低劣的产品最终会给 OEM 带来灭顶之灾。由于供应商都积极争取来自主要 OEM 的大额订单，价格迅速下降，为降低成本带来了巨大的压力。对于罗杰斯和他手下的经理们来说，EPD 现在就好像是一个日用产品的生产商。

在这个不确定的环境中，EPD 的未来看起来着实惨淡。这也正是分部内众多纷争的焦点。接廉价的订单虽然可以增加产量，但是却会降低利润。大多数 EPD 的成员期望新产品能够为他们同时带来利润和产量。有些经理担心分部是否能够达到公司对其盈利水平和增长率的期望，觉得能否生存下来都是个问题。

管理历程：乔·贝内特的遗产

1990 年以前，乔·贝内特（Joe Bennett）是 EPD 的领导者。在他的带领下，EPD 从初创开始发展成为公司的一个重要分部。由于只有两个分部的大本营没有设在宾夕法尼亚州阿伦敦市，而 EPD 正是其中之一，贝内特对此感到非常自豪。他注重激发 EPD 的扩张愿望和实验精神。比如，贝内特曾亲自主持一个旨在桥接零部件与集成电路的科研项目，并借此成功地为 EPD 带来了发展机会。1990 年以前担任 EPD 主计长的斯科特·艾伦（Scott Allen）认为贝内特扩展了该分部的优势：

> 我们总是尝试新事物，并一直注重实验。我们的步伐很快，不

满足于现状，总是充满紧迫感和使命感。举例来说，我们在电脑应用方面比其他分部领先许多。这都归功于贝内特以及我们所处的多变的行业。

贝内特去世的时候只有48岁。他头脑灵活，富有创造力，几乎一手撑起了EPD。例如，不管是在巴尼特市（电容）还是霍普韦尔市（电阻）的工厂，都有独立的市场开发和产品研发团队，这些团队的负责人都要向贝内特报告，重要决策全部由他做出，其他决策也需经过他的批准。人们对他敬畏有加。一位电容产品开发经理这样形容贝内特和他的行事风格：

贝内特是一位权威型领导，因此在他手下工作最成功的都是一些八面玲珑、善耍手腕之人。人们很少对他表示不同意见。

贝内特对我们的组织产生了巨大的影响，从我们的管理风格中可以看到他的影子。我不喜欢手下的员工犯错，虽然我知道从错误中学习经验教训也很重要。这种压力和脱离现实的标准影响了整个组织中的员工，使得我们承诺的目标往往不切实际。

高级经理们做决策的时候很少考虑团队合作。我们天生就不是一个团队。除了正式的会议，我们从来都不在一起。分部领导层根本没有什么凝聚力。

贝内特本身也是一个自相矛盾的人。虽然大部分人都认为他的管理风格是指令型的，但他实际上非常热衷于组织行为学及其在管理中的应用。1989年，贝内特发起了一个分部范围内的管理和组织发展项目。这个项目包括若干阶段，依次对个人管理风格、团队绩效、跨职能合作以及整个分部的问题进行诊察，并在每个阶段分别提出改进方案。

唐·罗杰斯走马上任

当1990年6月罗杰斯上任的时候，他所接管的是一个拥有900名员工的组织，其中175名员工是管理和专业人员。EPD拥有3个工厂、4个销售区，除了一些来自公司技术人员分部的研发支持以外，它们基本上是一个独立的多职能组织。向罗杰斯报告的有主计长、制造经理、市场经理、销售经理和产品开发经理（EPD的组织信息见资料2和资料3）。

罗杰斯的管理背景

1990年以前，罗杰斯是阿伦敦物资公司技术人员分部电子材料研究部主任。许多人觉得他晋升为副总裁兼总经理有点儿反常，因为他缺少在事业部门工作的经验。然而，大部分同事却认为他的经验和背景与EPD的业务联系非常紧密，而且具备成为一名高管的潜力。作为电子材料研究部主任，他负责管理技术人员分部所有的研发工作，因此了解EPD的相关技术。此外，他经常出席EPD的会议，对于电子业务有一个总体的认识。

罗杰斯同样很有个人魅力。他聪明、思维敏捷，不管在何种场合都有极强的表达能力。EPD的各位经理对他处理从技术到管理各个方面问题的能力感到非常敬佩。他总是和蔼可亲，能让别人对他敞开心扉，因为他也愿意把各种信息以及自己的想法跟他人分享。事实上，人们常常惊讶于他怎么会愿意把这么多的事情与别人分享和讨论。在面对问题的时候，他也愿意听取别人的意见和建议。

尽管他有许多优点，也受到其他经理的欢迎和尊敬，可是他的管理风格有时也会招致批评。他的性格特点和超群的智慧使其在会议中总是处于支配地位。还有些人认为他不善于处理冲突，对他在困境中的领导能力也有怀疑。EPD有些经理这样形容罗杰斯的管理风格：

> 罗杰斯不是一个好的倾听者。他经常打断别人的发言，似乎听不进不同意见。而且他对我们过于包容，有时我们没有完全实现目标，他却一点儿也不生气。不管你说什么，从他那里得到的都是同一种反馈。对他敞开心扉倒是非常安全，但他并不一定认真倾听你在诉说什么。

他对于职能部门目标不一致所产生的问题不是十分关注。这也许是因为他花过多时间忙于公司事务，但并不能改变他对分部不够关注这一事实。

分部不欢迎无事生非之人。高级经理们不会制造也不愿面对冲突。

罗杰斯的举措

罗杰斯成为EPD的副总裁兼总经理之后，进行了一系列的变革。在公司高层的敦促下，再加上罗杰斯自己也认为EPD有必要加强与公司的联系，他把分部的大本营从巴尼特迁回了阿伦敦，同时也把市场开发团队带到了那里。此外，尽管产品开发人员留在了工厂，罗杰斯却让特德·莫斯（Ted Moss）在阿伦敦遥控指挥。他还把市场和销售职能分离开来，正如他后来所言：

在我看来，市场和销售的职责非常不同，有足够的理由分开。销售就是上门推销以获取订单，市场则主要负责定价、寻找商机、制定新产品策略。市场是一种战略性职能，而非日常性职能。

另外一个主要的变化在于人事方面。除了产品开发经理特德·莫斯，罗杰斯更换了所有高级经理。新的制造经理本·史密斯（Ben Smith）曾经在公司实验室玻璃器材分部担任类似职务。新的市场经理比尔·李（Bill Lee）之前在公司其他分部任职，也曾负责公司市场规划。新的主计长卡罗琳·格林（Carolyn Green）曾经在公司电脑产品分部任职。EPD所有新的高级经理中只有销售经理杰克·西蒙（Jack Simon）来自分部内部。

罗杰斯同时还致力于改善EPD的服务。销售服务团队专门开发了一套信息系统。制造经理也让工厂经理对达到确定的送货承诺和缩短交货时间的目标负责。此外，罗杰斯要求看到一份关于由贝内特发起的原定时间跨度为3年的组织发展项目的报告。他认为该项目对EPD起到了一定的积极作用。但是当实施到旨在加强跨职能合作的最后一个阶段时，由于经营上的困境，再加上自己刚刚上任，他还是决定停止这一项目。他不认为该项目能够有效地解决分部当前所面临的问题。他决定对各职能部门来一次总结性回顾，以使自己掌握更多的第一手资料。

1992 年度职能部门回顾

制造

电阻和电容在 3 个工厂内大批量地生产制造——分别是位于佐治亚州埃文斯县和弗吉尼亚州霍普韦尔市的电阻工厂，以及位于佐治亚州巴尼特市的电容工厂。每个工厂都有工厂经理以及全套的供应线和参谋职能，包括制造、工程、质量管理、采购、会计、人事等。

工厂经理中，除一人以外，其余都是在 EPD 内部成长起来的。作为利润中心的负责人，他们的绩效通过毛利和其他生产变量进行评估，比如交货时间和缺货量等。因此这些经理认为自己的声誉和晋升空间主要取决于工厂的产量与毛利。所有人都自认为在制造部门的发展会给他们带来成为分部总经理的晋升机会。由于制造是占有主导地位的职能，因此这样的想法也不无道理。

EPD 的工厂经理们对于分部业务增长不足感到非常沮丧。在过去两年中，它们的销量不断缩减，而且由于降价，销售额大跌。经理们为了维持盈利而承受着降低成本的巨大压力。虽然他们成功地采取了一些举措，但仍很难抑制利润下降的总体趋势。EPD 的工厂几乎是整个公司范围内毛利水平最低的。工厂经理们做出了如下表述：

> 我们的产品线正遭受价格侵蚀（指产品的商品化造成价格竞争或价格战，从而形成价格不断下降的趋势），而且新品数量也不多。我们需要开发一些新颖、独特的产品，从现有品种上看不到增长的

潜力。

制造部门的沮丧主要表现在它们对销售和市场部门的态度上。它们觉得销售部门只考虑销量，没有考虑毛利率。它们埋怨销售部门总是接低价的订单，不努力争取好价位。换句话说，制造部门遭受的损失是由销售部门流失利润所造成的，而销售人员却没有受到应有的处罚。

制造部门对于市场部门的批评更甚，认为市场部门没有为分部的利润增长指明方向。它们对市场经理比尔·李的意见很大，觉得他缺乏"强有力的领导"。所谓"消失的胡萝卜现象"让它们倍感苦恼。制造部门原以为市场人员将为工厂带来有几百万美元市场前景的新电阻或电容项目（即胡萝卜）。基于这种预测，它们会首先进行试制，然后投资为新产品上马做准备，可是一年半载以后却发现市场部门规划的都是一些销售额和利润很低的项目。制造部门认为市场部门缺乏准确预测市场趋势的能力，比尔·李和他的一些员工应该被撤换。

制造部门对产品开发部门同样感到不满，认为它们开发的很多产品并不适合生产线作业。它们要求研发出低成本的新部件，结果却令人大失所望。因此，当产品开发部门希望制造人员在生产线上进行试验以协助它们开发新品时，制造部门考虑的却是自己在效率上的损失如何得到补偿。

市场

市场职能有若干组成部分，包括客户工程、广告以及最为重要的市场开发。在格伦·约翰逊（Glen Johnson）的领导下，市场开发部负责市场占有率的分析、下一年的销售预测、后三年的市场规划。提升市场占有率的一个重要方法就是开发新型电阻和电容（产品延伸）。由于发现市场机会（在销售部门的帮助下）和制定新产品计划主要是市场部门的职责，因此它们感受到了新产品开发的巨大压力。

自一年前市场和销售职能分离以来，市场部门雇用了许多新人，大部分来自销售部门。比如约翰逊之前就是地区销售经理。市场专家一般是有着1～2年销售经验的工科或商科大学生。

在动荡的市场中预测、规划、形成战略非常困难，市场部门的员工觉得好像没有人理解他们的难处。有些人认为公司对新产品的利润要求过高，在电子零部件行业很难实现。市场开发经理约翰逊谈道：

> 尽管公司财务人员承认我们需要一套新的考核标准，但他们还是认为我们工作不力，这就使我们变得更加保守。公司的环境不是那种鼓励冒风险的类型。我们试图在业务上打造自己的特色优势，还真是困难重重。

市场部门对产品开发部门也有怨言，认为它们不能满足市场部门的需求。产品开发的先后次序存在问题，而且经常无法按时完成项目。根据约翰逊所言，“莫斯不好好考虑资源状况就上马项目。在开发的先后次序方面没有建立明确的规定和标准。他将70%的时间都花在这些过程中，而不是产品开发上”。

市场部门对制造部门的不合作和推卸责任感到最为愤怒。它们认为制造部门过于保守，不愿意冒风险，这让它们感到非常不满，因为许多市场部门的员工觉得自己不得不花大量的时间和精力跟制造部门打交道，耽搁了本职工作。约翰逊说，如果他早知道市场部门还有这么多沟通工作要做，他是无论如何也不愿意担任目前这个职务的。

销售

EPD的产品主要以直销的方式由大约25名销售人员分4个区域进行销售。每个区域都由一名地区销售经理负责，他们向全国销售经理杰克·西蒙报告。与所有地区销售经理一样，西蒙也是从销售人员做起的。直销人员走访使用他们电子零部件的制造商，希望通过与其采购部门和设计工程师的交流，进一步了解客户需求，从而获得购销电阻或电容的合同。销售团队中既有大学毕业生，也有已经在这一行业工作多年且经验丰富的老员工。

EPD 的客户基本上是固定的。因此，销售人员不得不与客户的采购部门和工程师加强联系，依靠良好的关系来了解市场情况并赢得合同竞标机会。但是销售人员同样得和这些人谈判，以获得一个尽可能高的价格。由于他们的绩效是以销量为评估标准的，因此必须拼命工作以达到上面定下的销量指标。但是销售人员并没有提成，这就造成了他们的不满和议论。

西蒙认为销售部门和市场部门之间存在着不信任、耍手腕、玩花招和政治游戏。他说："我们销售部门觉得市场部门所提供的信息并非最有价值。"主要的冲突来自预测方面，部分原因是销售部门根据客户调查做出预测，而市场部门则使用分析工具来进行规划。西蒙说："冲突没有基于事实得到解决。相反，我们彼此指责。我不信任它们（市场部门），我也不相信它们有能力完成自己的工作。"他对制造部门的看法则相对积极一些：

> 我们跟制造人员私底下关系不错，但我同样也有很多担忧。我不清楚，而且没人清楚工厂真正的成本缩减到底有多少。公司给它们缩减成本的压力，比给我们销售部门控制价格下降的压力要小得多。霍普韦尔工厂的服务是另一个问题，它们经常玩弄各种花招，简直糟糕透顶！

在组织更低层级上，销售和市场职能的关系进一步恶化。中西部地区销售经理和埃文斯工厂经理经常在电话中大声争吵。有一次，销售人员要求快速送货，以满足一个重要客户的需求，认为如果速度太慢会影响 EPD 在该客户心目中的地位，可工厂却坚称它们无法在不打乱正常运营的情况下以这么短的时间送货。销售服务经理说："我们跟霍普韦尔工厂的关系不好。对工厂经理的考核标准必须改变，因为上级部门尚未真正采用服务来衡量他们的绩效。不过现在情况已经略有好转，他们的服务比原先有了些许改善。"

产品开发

与公司其他分部不同，EPD 有自己的产品开发团队，虽然他们也需要来自技术人员分部的研发支持，但是可以独立完成对现有产品线的延伸，他们还经常参与到制造流程的开发中。

通常情况下，10～12 个新产品开发项目同时进行，这需要大量的科研力量。开发团队分为两个部分：电阻（位于霍普韦尔）和电容（位于巴尼特），开发经理则在宾夕法尼亚州阿伦敦市遥控指挥。团队由技术人员组成，他们的职业生涯均与研发工作有关。尽管这些人中有一部分来自公司研发团队，但他们大都具有电子行业的技术经验。产品开发经理特德·莫斯这样描述他们与其他团队的关系：

> 总的来说，除了与霍普韦尔工厂存在一些小问题以外，我们部门与各个工厂的关系还是很不错的。我最大的担忧来自市场部门。它们没有为我们提供新产品的具体规格要求，而且根本不明白规格改变对我们意味着什么。我认为如果我们跟它们一起制定规格要求有助于解决这个问题。另外就是市场人员必须要把眼光放得更远一点儿，更好地预测未来。再者，他们不应该对我们催得过急，因为开发工作需要花费时间！
>
> 我们与销售部门之间也存在问题。为了从销售部门获得对新产品的反馈意见，我向西蒙索要电话报告的复印件，但是他不愿意给我，因为他觉得“分析这些报告是市场部门的职责”。我最终不得不找罗杰斯来解决这个问题。

莫斯对偶尔为 EPD 提供产品开发支持的公司技术人员分部也有批评意见：

> 我很难拿到他们的日程表。他们的指令体系是独立的，与我们没有联系，因为他们不归我管。如果落后于预定计划，他们也不会着急，而是尽量放松对开发的要求。碰到他们负责的事项，我需要格外强调规格标准。很多时候，我不得不上楼去和他们的老板谈，以解决他们所带来的问题。

新产品开发流程

罗杰斯结束了他对各职能部门的回顾之后，紧接着开始考虑 EPD 的新产品开发流程。从最近的两个事例来看，这一流程非常不顺畅。

两个事例

针对电脑市场的新产品 W-1201 电容就是一例。这个 W-1201 项目被终止又重新启动过好几次，因为各个部门在不同时期对它有着不同的认识。一开始，市场部门认为 W-1201 显然是个商机，而且产品开发部门也认为它在技术上可行。但是销售部门认为它制造成本过高，缺乏竞争力。随着关于缩减成本讨论的进一步展开，市场部门改变了对其市场潜力的看法，产品开发部门也认为它在技术上存在不足。由于每个职能部门都独自判断该项目的可行性，项目的状态从来就没有明确过。有一次，制造部门和市场部门认为这个产品不可行，已经放弃了该项目，可销售人员因为不知道这一情况，依然在接样品订单。

在另一个事例中，市场部门和工厂针对电阻的新涂层产生了严重的分歧。市场部门认为使用一种新的、统一的涂层更具竞争力，也更有效率。它们向分部管理层表达了这个想法，并认为得到了肯定的反馈。但是工厂方面不愿意这样做，它们不认为产品开发部门证明了新涂层确实能起到作用，而且不认同可以在不增加成本的情况下进行生产。负责这个项目的市场专家只能从与工厂的会议中愤怒地拂袖而去，完全丧失了推进工厂实施该项目的信心。

产品开发会议

每当一个财务月份（28 天）结束的时候，为了讨论、协调并对新产品做出决策，在宾夕法尼亚州阿伦敦市都会召开一个历时两天的会议。与会者约有 20 人，包括分部经理、工厂经理和其他一些职能经理。

在会议中，人们进进出出，要从下属那里获得自己职能领域的信息。一个工厂经理离开会场去给厂里的工程师打电话询问有关项目状况的细节并不是什么新鲜事。在一次会议中，市场专家特德·扬（Ted Young）被公认为是最了解当时正在讨论项目的人，可是他却没有到场。还有几次，市场专家们（他们的工作地点都在阿伦敦市）被临时请来，与大家分享他们关于项目的信息。如果有需要，工厂员工和产品开发人员也会被叫到阿伦敦来开会。

会议由市场开发经理约翰逊主持，他坐在会议桌的主位。他会提前宣布议程，并在项目议题转换的时候主持讨论。对于每一个项目的进程，都要比照各职能部门在之前的会议上所做的承诺进行查对。每个职能部门都要详细讲述在自己的职能范围内做了哪些支持该项目的工作（比如，工厂更换了哪些设备）。如果某个职能部门没有达到目标（这种情况经常发生），就要设定新的最后期限。虽然大家都会谈起遇到的困难，但是对于实现目标的延误及其根本原因却很少讨论。意见上的分歧很难协调。通常，这些分歧只有在所有人都认为无法说服对方因而开始讨论下个议题的时候才得以结束。大家偶尔会发脾气，但是在会议中极少表露公开的敌意和冒犯。然而会议结束后，人们经常会三三两两地在走廊里或者办公室里继续争论。

过去，分部经理不参加产品开发会议。1992年，市场部门开始邀请罗杰斯参加以帮助推进决策。罗杰斯在会议中表现积极，他通常与约翰逊面对面坐下，参与新产品的讨论，尤其是技术层面上的问题，甚至还向不明白的人解释技术要点。大家认为自从他加入进来以后，会议效果得到了改善。但是，约翰逊依然忧心忡忡：

> 在开会的前一天晚上我总是睡不好。我会考虑各种各样的项目和问题，我希望大家可以达成一致的意见，然后切实地去执行。我们在这些会议上花了很多时间，可大家依然无法按期完成任务。项目进度一拖再拖，我们对此似乎也是无能为力。在我看来，有些项目早该终止却又无法终止。坦率地说，如果让我重新选择，我肯定不会接下这个差事。归根结底，我在市场开发方面到底花了多少时

间？我似乎把大部分精力都用在了产品开发会议中，试图达到让大家各司其职的目的。

1993年度展望

罗杰斯知道自己必须采取一些举措。1992年即将结束，罗杰斯和手下的高级经理团队正在为他们的第二届分部发展年会做准备。这个会议于1991年发起，用来作为研究重大问题并制定来年目标的论坛。现在该是展望1993年的时候了。

资料

资料1 EPD的销售额与经营收入（1985—1992年）

单位：千美元

	1985	1986	1987	1988	1989	1990	1991	1992
销售额	54 518	93 177	93 852	85 854	108 496	113 780	102 206	102 986
营业收入*	12 902	23 349	24 964	12 846	21 746	17 868	6 680	6 745

资料来源：公司数据。

*利润等于收入减去制造、管理、销售费用。

资料2 EPD的主要经理人员背景介绍

唐·罗杰斯：EPD副总裁兼总经理，40岁。辛辛那提大学化学博士，圣约翰大学化学硕士，纽约皇后学院理学士。1981年加入阿伦敦物资公司技术人员分部，成为一名化学师。1985年出任电子研究部经理，1988年出任电子材料研究部主任。1990年被任命为EPD总经理。

比尔·李：市场经理，39岁。拉特格斯大学理学士。1974年加入阿伦敦物资公司成为高级工程师，此后在玻璃工厂担任多个工程和管理职务。1991年由于公司市场规划的需要而成为EPD市场经理。

本·史密斯：制造经理，43岁。克拉克森学院工学士。在阿伦敦物资公司电脑产品分部和技术产品分部担任多个制造职务之后，于1991年成为EPD制造经理。他从设备工程师起步，当过部门督察、生产主管，以及工厂经理。调任EPD之前，他是实验室玻璃器材分部的制造经理。

特德·莫斯：产品开发经理，45岁。从纽约城市学院获得机械工程学士学位后，加入阿伦敦物资公司成为高级工程师。在其他分部工作5年后，他加入了诞生不久的EPD。一开始担任项目工程师，后来在产品和流程开发方面担任一些管理职务。1992年成为EPD产品开发经理。

卡罗琳·格林：分部主计长，31岁。从耶鲁大学获得工业管理学士学位后，到一家知名会计公司工作，1986年获得哈佛商学院MBA学位后加入阿伦敦物资公司。在1991年成为EPD主计长之前，她在电脑产品分部和显示板产品分部担任过多个会计职务。

杰克·西蒙：销售经理，34岁。圣波拿文都大学社会学学士。1984年加入阿伦敦物资公司成为一名销售人员。他一直为EPD效力，在1991年成为分部销售经理之前，是地区销售经理。

资料 3　EPD 的组织结构图

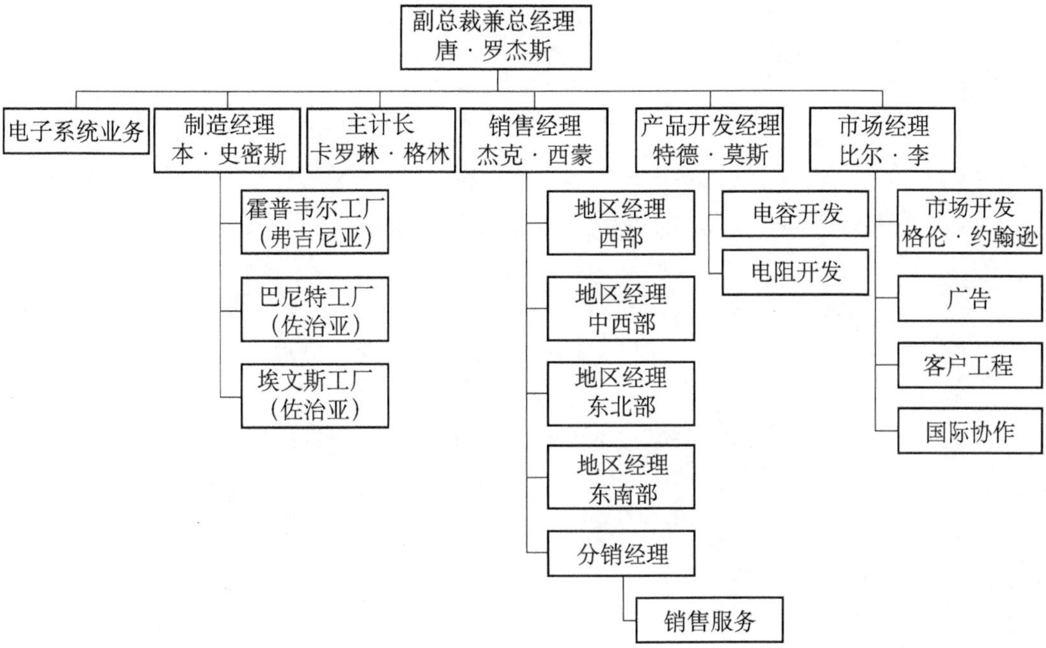

资料来源：公司数据。

The Case Study Handbook

第Ⅴ篇　学习指南

Study Guides for Case Analysis and Writing

在本篇中，你将找到分析案例和撰写相关论文的指南。每个指南的第一部分将帮助你梳理思维和分析案例时所做的笔记。第二部分帮助你把笔记转化成论文大纲。

每个指南都基于书中描述的三个案例情境的其中之一。要知道使用哪个指南，你必须确定案例的核心情境。要了解如何做到这一点，请参阅第 3 章。第 4、5、6 章更详细地展示如何有效地分析每个案例情境。第 9、10、11 章告诉你如何进行案例论文写作。

请使用这些指南来帮助你集中精力以及梳理对案例的思考，为讨论或论文写作做准备（你不必把空白内容全部填满）。电子版的指南可以在 https：//hbsp. harvard. edu/casestudyhandbook/获取。你可以在电脑、平板电脑或手机上使用它，或者把它打印出来，用铅笔或钢笔做笔记。

决策情境案例学习指南

分析一个决策情境案例

学习指南分为两部分。第一部分是整理你的笔记并思考案例。第二部分是梳理案例论文结构。（有关如何分析决策情境案例的详细内容，请参见第 4 章。）

开始你的工作之前，考虑以下问题：

在这种情况下需要做出什么决定？

例子：公司应该对生产线做出改变吗？

____

____

主要的决策方案是什么？

例子：公司可以扩大现有产品生产线，提高产量，或建设一条具有先进技术的新生产线？

____

____

探索可供选择的方案

哪些标准将帮助你决定哪个决策方案是最好的？

例子：哪个决策方案对公司的财务业绩最好？

哪些概念和框架可能有助于回答你的问题？

例子：单位成本和盈亏平衡的概念有助于比较这三者的财务决策方案。

使用表格来梳理你对决策的思考。用你的问题来探索证据并确定标准。写下标准、与之相关的案例证据，以及证据支持的决策方案。你的目标是确定被有利证据支持的方案。如果你想先集中精力做决定，你可以稍后考虑行动步骤。

例子：公司是否应该扩大现有产品生产线，提高产量，或建设一条具有先进技术的新生产线？

准备好推荐一个决策方案了吗？

根据你的分析，推荐一个决策方案，然后陈述支持该决策的主要原因。

你所收集的证据对于证明该决策是至关重要的。

你推荐的决策方案是什么？

例子：公司应该投资一条新的生产线。

支持该决策的主要原因是什么？

例子：从中长期来看，新产品线将使公司更具竞争力。

该决策存在哪些主要风险？

例子：市场的严重低迷可能会大大降低或抵消新产品线的财务绩效。

撰写一篇决策情境案例论文

本节帮助你梳理决策情境案例论文的框架。请按照重要性从最重要到最不重要的顺序排列标准。论证应该指出每个标准如何支持你推荐的决策方案。(有关如何撰写决策情境论文的详细内容，请参见第 9 章。)

行动计划

为你的行动计划确定高层次的目标，换句话说，你想要如何改变案例中的情况?(关于如何撰写行动计划的详细内容，请参见第 8 章。)

树立你的行动计划步骤:

短期计划:

长期计划:

主要风险：确定与你的行动计划相关的 1～2 个主要风险。

风险缓解：你将如何消除或减少风险?

评估情境案例学习指南

分析一个评估情境案例

学习指南分为两部分。第一部分是整理你的笔记并思考案例。第二部分是梳理案例论文结构。(关于如何分析评估情境案例的详细内容，请参见第 5 章。)

开始你的工作之前，考虑以下问题：

评估的主体是什么？（可以是个人、团队、产品或服务、公司、国家、战略或政策。)

例子：一个持续的营销计划。

____

____

你需要做什么？(可以是决定主体的价值、绩效、效率或事件所造成的结果。)

例子：营销计划是否达到了设定的目标？

____

____

探索评价

什么问题可以帮助你做出评估？

例子：营销计划是否如预期的那样，超出目标，还是表现不佳？

哪些概念和框架可能有助于回答你的问题？

例子：营销的 5Cs 和 4Ps 可以帮助评估营销计划的战略价值和绩效。

使用表格来梳理你对评估的思考。使用你的问题研究案例证据，确定评估标准。写下标准和与之相关的案例证据，以及证据所支持的整体评估。你的目标是确定哪一类整体评估得到了证据的最有力支持。如果你想先专注于评估，你可以稍后考虑行动步骤。

准备好进行一个整体评估了吗？

基于以上的分析，你对主体的整体评估是什么？

例子：这个营销计划有几个积极的效果，但对消费者的品牌印象几乎没有影响。

支持该整体评估的主要原因是什么？

例子：调查结果显示，消费者对品牌的好感几乎没有变化。

撰写一篇评估情境案例论文

本节帮助你梳理案例论文结构，请按照重要性从最重要到最不重要的顺序排列标准。证据应该表明每个标准如何支持你的整体评估。（有关如何撰写评估情境论文的详细内容，请参见第 10 章。）

行动计划

为你的行动计划确定高层次的目标。换句话说，你希望行动计划如何改变案例情况？（关于如何撰写行动计划的详细内容，请参见第8章。）

____

____

组织你的行动计划步骤：

短期计划：

____

____

长期计划：

____

____

主要风险：确定与你的行动计划相关的1～2个主要风险。

____

____

风险缓解：你将如何消除或减少风险？

____

____

问题诊断情境案例学习指南

分析一个问题诊断情境案例

学习指南分为两部分。第一部分是整理你的笔记并思考案例。第二部分是梳理案例论文结构。（有关如何分析问题诊断情境案例的详细内容，请参见第 6 章。）

开始你的工作之前，请考虑以下问题：

该案例描述了什么问题？（案例中问题的出现有果必有因，这些原因包括：以往的行动、现有的流程、所开展的活动，以及各方力量的角逐等。许多案例中的问题诊断情境都与反常态商业有关。）

例子：一家公司在其曾经主导的市场中出现亏损。

什么问题能帮助你探究问题及其原因？

例子：领导不力是公司业绩不佳的原因之一吗？

你能否确定你所学到的概念或框架有助于确定和证明原因？

例子：领导风格理论可以帮助确定领导能力是不是造成这一问题的

原因。

使用下面的表格梳理你对问题的思考。研究证据并找出问题的原因，写下原因和与之相关的案例证据，以及证据如何将原因与问题联系起来。你的目标是确定得到强有力证据支持的问题原因。如果你更愿意集中精力做诊断，可以稍后考虑行动步骤。

准备好选取立场了吗？

问题是什么？

例子：经过多年的市场领导，该部门失去了竞争优势，内部冲突严重。

主要原因是什么？

例子：主要原因是该部门所在的主要市场发生变化，出现领导危机，还做了两个糟糕的战略决策。

撰写一个问题诊断情境案例

本节帮助你梳理案例论文结构。按照重要性从最重要的到最不重要的排序原因，证据应该显示每个原因是如何导致这个问题的。（有关如何撰写问题诊断情境论文的详细内容，请参阅第 11 章。）

行动计划

为你的行动计划确定高层次的目标。换句话说，你希望行动计划如何改变案例情况？（关于如何撰写行动计划的详细内容，请参见第 8 章。）

组织你的行动计划步骤：

短期计划：

长期计划：

主要风险：确定与你的行动计划相关的1～2个主要风险。

风险缓解：你将如何消除或减少风险？